Claude Guillemin

Les Perruques Magiques

Roman
Fiction écologique

Pounon édition
Association « La passion d'écrire »

Prologue.

L'usine de fabrication des drones d'abeilles de Delémont a été détruite par un incendie suite à l'intervention d'un commando venu en hélicoptère. Elle risque d'être mise en liquidation sauf si un plan de sauvetage financier est trouvé.

L'assurance incendie jouera si elle accrédite la cause accidentelle ce qui semble problématique avec les experts sur place.

La survie de l'activité dépendra du mouvement de solidarité dans le milieu apicole et au-delà.

La direction d'Apis Pollinis Robotix cherche des solutions pour continuer son aide à la pollinisation des vergers européens. Il lui faut trouver un nouveau lieu pour relancer l'activité.

1

Chalet de montagne de Heïdi,
Delémont.

John et Heïdi avaient convoqué la direction de feue l'entreprise *Apis Pollinis Robotix.* Ils n'envisageaient pas de reprise d'activité dans un délai proche, car tout était à refaire et l'assurance incendie prendrait son temps pour indemniser.

Par chance, comme l'avait voulu John, les documents techniques importants avaient été mis à l'abri dans le coffre retrouvé intact dans la cave après l'incendie. De plus, ces mêmes documents avaient été numérisés et se trouvaient dans un « *cloud* » à la banque cantonale. On pourrait donc repartir à zéro pour les abeilles si on obtenait les crédits nécessaires si on trouvait un nouveau local pour reconstruire les chaînes de fabrication.

« Comment voyez-vous l'avenir de l'entreprise ? » interrogea John.

- Rester à Delémont et faire appel à la solidarité. Demander aux façonniers locaux de remettre en état nos machines ou d'en créer de nouvelles.
- Relancer la fabrication des drones abeilles avec nos plans restés intacts.
- Demander l'aide des banques genevoises puisque nous avions sollicité des prêts.
- Porter plainte pour que la police enquête et coince les coupables.

John reprit la parole : « *Coincer les coupables me paraît aléatoire même s'ils se sont servis d'un hélicoptère de la protection civile française. Le pilote a dû être pris en otage. Nous en saurons plus si la presse en parle.*

Pour les banques, nous allons mettre en œuvre notre plan de prêts avec Genève, mais devons rester crédibles en sollicitant le soutien des apiculteurs. Le plus urgent est d'avoir un local et nous allons demander l'aide du gouvernement fédéral. Je sais qu'il y a des bunkers antiatomiques désaffectés qui pourraient être disponibles. Il suffira de brancher les sources d'énergie. Les locaux sont habitables, mais sans lu-

mière naturelle. Il nous faudra vivre comme des taupes pendant un moment. Je vais contacter le gouvernement fédéral. »

- Quelles garanties le gouvernement va-t-il demander ?
- C'est l'inconnu, il faut le solliciter. Je vais faire la démarche. Nous allons établir notre état-major dans ce lieu qui est un bien de famille de Heïdi.

2

Département fédéral de la défense
Berne

John avait sollicité une entrevue auprès de ce ministère dont dépendaient les bunkers désaffectés. Pour l'heure, il faisait tapisserie sous l'œil d'un secrétaire dans un salon attenant au bureau du conseiller qui avait bien voulu le recevoir. Le conseiller en titre n'étant pas disponible son adjoint allait s'occuper de sa requête. Enfin une porte s'ouvrit et on le pria d'entrer. L'adjoint se leva de son bureau et lui tendit la main. Sur le bureau un dossier bien étoffé. L'adjoint du conseiller prit la parole.

- Bienvenue monsieur John Brown.
- Merci de me recevoir. Comme vous le savez, notre usine vient de subir un sinistre et je suis à la recherche d'un local pour poursuivre notre activité utile aux apiculteurs.
- En effet, nous savons tout cela et je crois que vous aimeriez utiliser un

bunker désaffecté. Nous en possédons plusieurs qui sont disséminés dans notre paysage suisse.

- Je vise particulièrement celui qui est sur Delémont. Est-ce possible ?
- Vous n'êtes pas citoyen suisse, seule votre femme peut prétendre occuper les lieux. Pensez donc à demander votre naturalisation.
- Mon épouse est la directrice financière, je ne suis que le directeur technique.
- Vous êtes plus que cela, vous êtes aussi un peu aventurier et vos frasques avec *« Mafianto »* ne nous sont pas inconnues. Nos services de renseignements vous suivent à la trace. Votre profil nous intéresse.
- Si vous accédez à ma demande quel sera le loyer ?
- Pas de loyer si ce n'est un franc symbolique avec un bail de quatre-vingt-dix-neuf ans, mais avec une condition obligataire.
- Quelle est la condition ?
- Vous devrez fabriquer des frelons pour notre ministère !

John retint sa respiration. En un éclair il comprit qu'il allait se retrouver dans la situation qu'il avait connue en France avant son aventure africaine. En même temps il eut une idée. Il décida de sauter sur l'occasion.

- C'est d'accord, mais il me faut de l'aide pour réinstaller mes ateliers. Il ne me reste que des plans et une équipe soudée prête au travail.
- Nous avons des industriels qui travaillent pour nous dans la discrétion et sont habilités aux tâches relevant de la défense.
- Qui va financer ?
- Nous prenons en charge tout ce qui concerne la fabrication des frelons et nous fournirons les doses létales pour les poches à venins. Pour vos drones abeilles, débrouillez-vous avec vos amis apiculteurs.
- Vous avez pensé à tout !
- J'ajoute que rien ne doit transpirer de l'activité frelons et vous serez sous protection de notre ministère. L'accès au bunker sera sévèrement filtré. Soyez sans crainte, vous ne verrez pas d'uniformes, mais des mi-

litaires d'une société de gardiennage que nous contrôlons. Toujours d'accord ? John fit semblant de réfléchir encore.

- Oui, j'accepte. Ma compagne signera le bail dès que possible.
- Nous allons vérifier l'état des lieux et raccorder les fluides qui seront aux frais de la confédération. Officiellement, nous vous dépannons pour vos drones abeilles. Vos amis apiculteurs vont être satisfaits. Quant à *« Mafianto »* c'est votre problème.
- Je suis curieux, mais pouvez-vous me dire à quoi sont destinés les frelons ?
- L'exportation mon cher. On ne peut laisser les Chinois dominer le marché. Il y a dans le monde suffisamment de régimes autoritaires ou dits démocratiques prêts à mater les débordements de rues. Vous devez coopérer si vous voulez que votre entreprise survive en maintenant des emplois. Notez bien que les frelons ne tuent pas, ils mettent seulement hors d'état de nuire des agitateurs. L'homme se leva, l'entretien était terminé. Il raccompagna John

jusqu'à la porte et lui dit sournoisement : *« Vos bourdons kamikazes peuvent nous intéresser aussi, nous en reparlerons, je crois. Mes respects à votre épouse que j'espère voir bientôt. »*

John avait la tête qui tournait un peu et tout bien réfléchi, il lui semblait que l'incendie de ses ateliers servait bien les projets des autorités cantonales… comment interpréter l'allusion aux bourdons ?

John avait la désagréable impression d'être pris dans une nasse et que les évènements s'imposaient à lui encore une fois. Qui étaient les incendiaires et leur commanditaire ?

3

Revue de presse française et suisse,

L'étrangeté de l'incendie de l'unité de production d'*Apis Pollinis Robotix* suscitait des commentaires des deux côtés de la frontière. L'Est Républicain faisait état du rapt d'un hélicoptère de la protection civile au CHU de Besançon : *«A peine posé sur le tarmac et l'accidenté de la route remis aux soignants, l'appareil de retour de sa mission de sauvetage avait été pris d'assaut par un faux infirmier. L'agresseur avait contraint le pilote à redécoller après avoir expulsé les deux sauveteurs sous la menace d'une arme de poing. L'appareil avait ensuite pris la direction de la frontière suisse pour se poser dans une clairière près de Morteau et prendre deux autres passagers déguisés eux aussi en infirmiers. Filer ensuite sur Delémont pour se poser de nouveau à côté d'un chalet ressemblant à une fruitière. Les trois hommes portaient des masques en plastique transparent. Le pilote sidéré avait vu deux des hommes courir vers le bâtiment, rentrer à l'intérieur, ressortir aussitôt et rembarquer alors que de la fumée et des flammes s'élevaient du chalet. Cette action avait duré quelques minutes. L'appareil avait repris la direction de Morteau où les trois hommes étaient attendus par une puissante voiture qui démarra aussitôt.*

Le pilote, libéré, put rejoindre sa base avec tout juste de carburant. On sait que le bâtiment abritait la firme Apis Pollinis Robotix spécialisée dans la fabrication de drones pollinisateurs et dont on ne lui connaît qu'un seul concurrent en Chine.»

Le Quotidien Jurassien de Delémont se faisait également l'écho de cette attaque hors du commun dans un pays réputé tranquille : « *Qui avait intérêt à s'attaquer à un bâtiment abritant une activité de type écologique dont la fabrication de pointe venait en aide aux apiculteurs en louant des drones pollinisateurs pour pallier à la décimation des abeilles. Cette entreprise aurait dû être reconnue d'intérêt général. Même la firme "Mafianto" pouvait y trouver son compte en couvrant un permis de polluer encore plus. On savait par des in-*

discrétions que le directeur technique John Brown avait mené des actions hors de Suisse où la Chine, elle aussi producteur de drones, était en cause. L'entreprise allait-elle se relever de ses cendres ? »

Suivait une relation des tribulations de John et Heïdi dans leur périple africain ainsi que la séquestration de John par les Chinois qui apparaissaient comme les outsiders dans la fabrication des drones pollinisateurs.

Le quotidien lançait ensuite un appel à la solidarité vers ses lecteurs pour soutenir ce qu'il considérait comme une activité écologique. Suivait un numéro de compte spécial sur la banque locale de Delémont où des généreux donateurs pouvaient faire des virements en toute discrétion.

4

Ruines du chalet d'Apis Pollinis Robotix Delémont.

John et Heïdi avaient décidé de porter plainte et la police scientifique ainsi qu'un expert de la compagnie d'assurance étaient sur place. À part la base du bâtiment en maçonnerie dont la dalle avait protégé la cave qui était restée intacte, il n'y avait que du bois calciné et les machines noircies dont on ne tirerait pas grand-chose. Des ordinateurs, il ne restait que du plastique fondu. La secrétaire qui avait donné l'alerte avait eu le réflexe d'emporter avec elle le disque dur externe contenant son travail de secrétariat. Une consolation.

John se trouvant à distance comprit que les enquêteurs avaient remarqué des départs de feu d'origine criminelle.

L'expert de l'assurance lui confia le peu d'espoir d'indemnisation, car il s'agissait d'un attentat qui relevait de la justice, donc, il fallait identifier les coupables et les faire payer.

À la rigueur la partie habitation du chalet appartenant à Heïdi pouvait être prise en compte. Cela ferait l'objet d'une proposition.

John obtint l'autorisation de récupérer le coffre-fort encore dans la cave, car il voulait disposer de ses plans. Ses employés, au chômage technique, allaient se charger du transport jusqu'au chalet de montagne de Heïdi devenu la base de la direction. On procéderait à un inventaire des documents utiles à la reconstruction des machines de production.

5

Direction de la police fédérale suisse

Les spécialistes de la police scientifique étaient réunis pour confronter leurs investigations. Les restes de deux grenades au phosphore les intriguaient. Ces engins étaient d'origine militaire. Utilisés par l'armée américaine au Vietnam ils étaient de référence WP-M 34 comme agent incendiaire et de manière offensive. Pas de stock officiel en Suisse, mais le marché clandestin des armes en surplus y avait sûrement pourvu. Où avaient fui les hommes impliqués dans le commando après avoir quitté l'hélicoptère ? Côté France ou côté Suisse ?

6

Chalet de montagne « Mafianto »
Delémont.

Encore une fois un état-major de crise était réuni pour discuter du cas d'*Apis Pollinis Robotix.* Le chairman prit la parole devant les six délégués qui se trouvaient là depuis la veille et avaient passé une nuit réparatrice après avoir joué au tarot. Décidément ces escapades suisses leur plaisaient. Bien nourris et à l'air pur, ils n'avaient cependant pas trouvé de lits garnis. Cela aurait attiré l'attention.

Le chairman s'éclaircit la voix et dit : *« La presse a parlé de la destruction de l'unité de production d'Apis Pollinis Robotix et nous n'y sommes pour rien. Nous n'avons donné aucun ordre à nos hommes de main basés en Suisse. »* Parmi les présents, un prit la parole :

- Pourtant le coup est beau et ces empêcheurs de tourner en rond vont être calmés pour longtemps.

- Détrompez-vous, John a déjà entrepris des démarches auprès du gouvernement pour obtenir l'occupation d'un bunker désaffecté. Il aura aussi l'aide d'industriels suisses pour reconstruire ses machines.
- Qui a bien pu monter ce coup là ?
- Une enquête est en cours, mais je doute qu'elle aboutisse bien que les soupçons soient dirigés sur nous et les Chinois victimes d'une action commando à Kauai. Nous allons cependant continuer d'exercer une surveillance d'*Apis Pollinis Robotix*et vous serez convoqués dès que du nouveau sera connu. Nous ne déciderons aucune action contre John et sa firme et nous devons faire comme si nous n'étions pas concernés, car il faut savoir qu'une souscription a été lancée par le journal local et qu'il y a un mouvement de sympathie chez les lecteurs. L'opinion publique leur est favorable. Je crois que nous pouvons nous quitter et rentrer dans nos secteurs respectifs.

7

Trois mois plus tard
Bunker d'Apis Pollinis Robotix.

Le Conseil Fédéral avait tenu promesse et les locaux furent livrés avec tous les raccordements en énergie et système de climatisation. L'installation sans les machines fut assez simplifiée. Ensuite grâce aux plans du coffre les premières chaînes de montage pour les abeilles furent reconstituées avec l'argent que voulut bien prêter une banque de Genève d'autant que la souscription lancée par le Quotidien du Jura avait porté ses fruits. Le fait de se trouver dans un bunker sans fenêtres manquait d'attrait, mais avoir un emploi compensait le sacrifice. Déjà les premiers drones abeilles étaient conditionnés en containers. Allait venir la fabrication des frelons demandés par le Conseil Fédéral. Les machines étaient sensiblement les mêmes, seule l'électronique embarquée différait, et il manquait du personnel qualifié pour mettre au point cette fabrication qui n'avait pas été mise en œuvre depuis son démantèlement en France par le gouvernement écologiste. Une annonce fut lancée dans le Quotidien du Jura. Des jeunes, frais sortis des écoles suisses, se présentèrent. Parmi eux se présenta Robert !

Compte tenu des contraintes imposées par le Conseil Fédéral les entrées étaient filtrées et Robert se trouva face au responsable de la sécurité qui lui dit : « Jeune homme il vous faut un sacré culot pour vous présenter ici. Qu'avez-vous à dire ? »

- Beaucoup de choses si vous voulez bien m'écouter.
- Cherchez vous du travail ou bien voulez-vous bavarder ? Je vous écoute.
- J'ai des révélations à faire, mais contre rémunération.
- Tout dépend de la valeur de vos informations. Avez-vous travaillé chez *Mafianto* ? Vous semblez être doué pour faire la taupe.
- En effet, j'ai travaillé quelque temps puis ils m'ont licencié sans indemnités. J'avais un poste subalterne, mais je devais en quelque sorte rembourser mes études en Suisse payées par *Mafianto*. Mon poste était assez libre pour traîner dans les couloirs et aux machines à café et c'est de cette fa-

çon que j'ai pu recueillir des informations que je veux négocier.

- De quelle nature sont vos informations ?
- Je puis vous indiquer où se réunissent secrètement en Suisse des cadres de *Mafianto* et pas loin d'ici.
- Mais encore ?
- Il faut payer !
- Je dois informer la direction de votre présence qui prendra acte de vos exigences.

Le chef de la sécurité demanda John qui sembla intéressé et vint aussitôt. Le dialogue s'établit avec Robert. John dit :

- Monsieur, qu'avez-vous qui puisse nous intéresser ?
- Je puis vous dire où se sont réunis des cadres de *Mafianto* ici à Delémont. Mais il faut payer pour en savoir plus.
- Qui me dit que vous n'êtes pas envoyé par eux pour nous tendre un piège ?
- Je sais qu'ils affirment qu'ils ne sont pour rien dans l'incendie de votre unité de production bien que cela les

arrange. Ils se sont déjà réunis plusieurs fois et toujours au même endroit. Alors ?

- Quel est le prix de votre révélation ?
- Je crois que cent mille francs suisses en liquide me conviendrait !
- Impossible, nous sommes en plein redémarrage, je vous offre vingt-cinq mille et encore vingt-cinq mille après que nous ayons vérifié vos assertions. En tout, cinquante mille pas plus.
- D'accord, voilà, l'endroit se trouve dans un chalet d'alpage loué pour l'occasion au lieu-dit : Les Fouchies. Il y a des caméras de surveillance tout autour et des gardes armés. Vérifiez !
- Bien, nous allons vous garder au frais en attendant dans une cellule qui va vous accueillir. Le chef de la sécurité va se charger de vous. Nous avons tous les droits, vous êtes suspect de par votre passé chez nous et nous sommes sous protection du Conseil Fédéral. L'entretien est terminé.

Le chef de la sécurité appuya sur un bouton, deux gardes armés firent leur apparition et s'emparèrent de Robert sans dire un mot. Celui-ci se rendit compte que toute protestation était inutile.

8

Unité de production Apis Pollinis Robotix
Bunker de Delémont.

Les premiers frelons étaient opérationnels, mais il manquait de quoi remplir les poches à venin. Le système était simple, autant de doses remises par le ministère de la guerre, autant de frelons devaient être livrés. Une camionnette discrète, mais blindée avec deux livreurs armés se positionnait à l'entrée du bunker. Un livreur déposait un paquet scellé contre signature au gardien. Une autre camionnette reprenait les frelons une semaine après. Le Conseil Fédéral ayant financé les machines de production, il n'y avait aucune facture, un simple bordereau suffisait. Personne ne connaissait la nature du venin et il pouvait être aussi bien mortel qu'incapacitant. Un accident de manipulation était toujours à craindre malgré des procédures quasi automatisées. Ordre était donné aux opérateurs de ne pas se mettre en contact avec le contenu des doses quoiqu'il arrive et le personnel soigneusement sélectionné pour ce travail savait à quoi s'en tenir.

John qui avait accepté le contrat avec une idée derrière la tête était prêt à assurer une production pirate pour un projet un peu machiavélique, mais il lui fallait des doses de venin. Il évoqua avec Heïdi la possibilité de se procurer ces doses avec l'aide des apiculteurs qui avaient mis au point un antidote au venin incapacitant produit pour le ministère de l'intérieur français avant l'avènement du gouvernement écologiste.

- Crois-tu possible d'obtenir la formule à partir du venin d'abeille ?
- Oui, mais qui va fabriquer les doses ?
- Nous avons un chimiste et nous pouvons installer un labo en toute discrétion dans notre chalet.
- Le problème est qu'il faudra essayer le produit avant de fabriquer en série.
- J'ai un cobaye tout trouvé bien au frais en cellule ! Tu te souviens de Robert la taupe. Il est venu nous proposer des infos contre payement et nous allons donc le cuisiner pour savoir s'il ment ou pas. L'état de sidération permet d'interroger le sujet sans utiliser la torture.

- Dans ces conditions tu peux y aller !

Il fallut une bonne semaine pour mettre au point ce qui semblait être la bonne formule de sidération. Robert, tapi dans sa cellule reçut la visite du chef de la sécurité. Depuis une semaine il rongeait son frein. Il n'était pas mal traité, mangeait à sa faim, mais n'avait personne à qui parler. Évidemment, la lumière était artificielle comme pour tous les occupants du bunker, mais lui était en prison. Il accueillit la visite du chef de la sécurité avec soulagement. Enfin il allait être fixé sur son sort pensait-il. Erreur, le chef de la sécurité lui fit une clé au bras et lui enfonça une aiguille dans l'épaule. Instantanément, Robert tomba en catalepsie et s'effondra sur son lit. La dose ou la formulation devait être trop forte, car il resta inconscient vingt-quatre heures.

L'infirmier de l'entreprise avait vérifié qu'il n'était pas en danger et avait prévenu John de l'échec de l'injection. Il fallait revoir la formulation avec les apiculteurs. La seconde injection fut la bonne et Robert entra en sidération. On le fit asseoir sur son siège. Le chef de la sécurité l'interrogea :

- Robert ! Vous vous appelez Robert c'est bien vous ? Répondez !
- Je suis bien Robert.
- Avez vous été employé chez *Apis Pollinis Robotix ?* Et on vous a renvoyé pour espionnage au profit de *Mafianto.*
- Oui c'est bien cela.
- Ensuite vous avez retrouvé un emploi chez *Mafianto.* Quel était votre niveau de responsabilité ?
- Employé aux écritures et archiviste.
- Comment avez-vous pu obtenir vos renseignements ?
- Comme je suis beau garçon, j'ai sympathisé avec une secrétaire proche de la direction.

Robert, effectivement beau garçon, se tenait droit sur sa chaise, le regard vide, un peu pâle, mais avec tout son tonus. Par précaution, il avait les mains attachées sur les genoux et les pieds attachés entre eux. Toute tentative de rébellion était impossible. Bien avant, les barbouzes français avaient intelligemment mis à profit l'effet de sidération et John était passé par là pour délivrer ses secrets.

- Oui, beau garçon, donc vos conversations de couloir et machines à café c'était faux !
- Pas vraiment, cela permet de faire des recoupements sur les emplois du temps des cadres qui voyagent.
- Qui est au courant de votre présence ici ?
- J'ai laissé une lettre cachetée sur ma table de nuit à l'hôtel en disant que je faisais une escapade de deux jours.
- Confirmez-vous le lieu de réunion des cadres de *Mafianto* ?
- Oui, les confidences sur l'oreiller sont en principe fiables.
- Pensez-vous sortir d'ici sain et sauf ?
- Oui, contrairement à moi, vous avez des principes !
- L'entretien est terminé. Nous allons vous libérer et vous ne vous souviendrez de rien. On vous déposera dans la nature à l'ombre d'un sapin.

On défit les liens de Robert et on le reconduisit vers la sortie pour le monter dans un véhicule. Il ne recevrait jamais ses vingt-cinq mille francs.

9

Direction de la police fédérale suisse.

La réunion des enquêteurs allait peut-être apporter quelque chose de nouveau depuis que l'attentat avait détruit l'unité de production d'*Apis Pollinis Robotix* il y avait plus de trois mois maintenant. Côté France, un chasseur en quête de gibier avait aperçu un hélicoptère de la protection civile se poser dans une clairière de Morteau et avait pensé à un accident de chasse. Rendu discrètement sur les lieux, il avait vu une voiture immatriculée en Suisse prendre en charge trois passagers en très bonne santé semblait il ?

Après coup, la lecture de l'Est Républicain l'avait fortement perturbé et donc il en avait parlé à un collègue suisse pratiquant la chasse comme lui. Ce dernier qui connaissait un ami douanier suisse lui fit part de ce qui avait été vu. Le douanier alerta aussitôt sa hiérarchie qui transmit l'information à la police. Retrouver la voiture en question n'allait pas être facile, car le chasseur n'avait pas eu la présence d'esprit de noter le numéro de la plaque minéralogique.

On connaissait un vendeur d'armes basé à Genève, mais impossible d'enquêter sur lui, car il représentait des intérêts trop importants et la piste des grenades incendiaires s'arrêtait là, car il ne communiquerait en aucun cas la liste de ses acheteurs.

Comme la police avait bien d'autres affaires à traiter, un ordre venu d'en haut stipula de mettre en sommeil les recherches sur le mystérieux véhicule d'autant qu'une voiture correspondant au type observé avait été retrouvée incendiée en Suisse dans une ravine. Pas de traces à exploiter.

Cependant, le dossier de l'attentat à l'encontre de John n'était pas fermé et le tireur avait été identifié appartenant au canton. Il niait toute implication dans le tir. Aucun projectile n'avait été recueilli, donc impossible de faire un rapprochement avec son arme. Le témoin disait pourtant l'avoir vu viser l'aile volante de John. On se contenta de le surveiller.

La police se demandait aussi pourquoi on avait retrouvé errant dans les bois un homme disant s'appeler Robert. Disparu depuis plus d'une semaine de son hôtel et incapable de dire ce qu'il avait fait pendant ce temps. Il semblait ne pas avoir souffert de la faim et paraissait en forme physique bien qu'un peu hagard. Bref un promeneur amnésique. Où avait-il pu se nourrir ? Aucun chapardage dans les environs n'avait été signalé sauf le pillage d'une ruche dont le miel avait disparu. Pas d'ours non plus dans les parages. Mystérieux Robert !

10

Chalet d'alpage Mafianto.
Delémont

D'après les indications de Robert, le chalet soi-disant utilisé par *Mafianto* pour ses colloques était sous surveillance et aucune activité n'avait été remarquée. La bâtisse n'avait aucune clôture comme il est d'usage en Suisse et avait tous ses volets clos.

Le garde forestier envoyé en tournée d'inspection avait remarqué qu'il y avait effectivement des caméras de surveillance aux points stratégiques, mais aucun voyant ne clignotait. Pas de nom sur la boîte à lettres et le cadastre consulté plus tard indiquerait un propriétaire domicilié à Zurich. Il était décédé et on ne savait pas trop bien à qui appartenait réellement le chalet.

Une surveillance discrète fut mise en place et on remarqua six marcheurs avec sacs à dos qui se dirigeaient vers le chalet. Un 4X4 déposa un homme vêtu aussi pour le trek, mais avec un attaché-case. Il avait la clé. Le garde forestier ajusta ses jumelles. Il remarqua que les caméras clignotaient. Peu de temps après, les six marcheurs toquaient à la porte et ouvraient les volets.

Ensuite, quatre marcheurs sans sacs, mais avec des étuis devant contenir des fusils pour la chasse se présentèrent aussi à la porte. Le colloque allait avoir lieu.
Robert n'avait pas menti.

John informé prépara ses armes.
Il avait fait fabriquer pour lui une cinquantaine de frelons chargés en liquide incapacitant.

À l'intérieur du chalet, les gardes surveillaient mollement les écrans des caméras. RAS. Le local fermé depuis longtemps sentait le renfermé et la fumée de cigarette. On ouvrit un vasistas du sous-sol.
À l'étage, le chairman salua les participants :

- Soyez les bienvenus. Nous allons discuter de la stratégie qui sera adoptée dans les mois à venir. Nous allons déplacer nos stocks à Catane en Sicile. Le port offre des capacités d'exportation et nous avons signé un accord de neutralité avec la mafia locale pour avoir de la main-d'œuvre économique et docile. Il n'y aura pas de grèves des dockers.

- Vers quels pays allons-nous porter nos efforts.
- Ceux dont la suffisance alimentaire n'est pas atteinte et dont la vermine attaque les récoltes, ce qui fait pas mal de nations.
- Qui nous payera les produits phytosanitaires.
- Il sera fait appel à l'ONU sur le budget d'aide à l'écologie. Ce seront les gouvernements qui devront faire la demande, c'est ça ou la famine. Qui veut prendre la responsabilité d'une famine ? Personne !
- Avons-nous des mouvements écologistes et des apiculteurs en face de nous ?
- Inexistants et monsieur John n'est pas prêt d'offrir les services de ses drones pollinisateurs. Il est en pleine reconstruction de son potentiel de fabrication. Je rappelle que nous ne sommes pour rien dans sa déconfiture.

À l'extérieur le garde forestier aux côtés de John signala l'ouverture d'un vasistas du sous-sol. John donna un signal à un des hommes présents et vingt-cinq frelons prirent leur envol en direction de l'ouverture. Silencieusement, ils investirent le local et se jetèrent sur les gardes surpris et paniqués. Piqués, en état de sidération totale, ils restèrent figés devant leurs écrans. Les frelons rappelés par un signal Wi-Fi rejoignirent leur base sous les sapins. On les remit dans leur container.

La seconde phase allait commencer.
La cheminée offrait une entrée de choix et les barreaux anti intrusion furent sans effet. Les vingt-cinq frelons restants firent irruption dans le séjour et se jetèrent immédiatement sur tous les participants. Tous restèrent figés sur place, certains la bouche ouverte. Tous les piqués du chalet avaient pour douze heures de sidération. Les frelons rejoignirent leur base.
John lança la phase suivante.

Il fallait enfoncer la porte et une alarme dont l'effet immédiat fut de déclencher une sirène interne. Les six hommes qui étaient avec John se ruèrent sur les participants et leur mirent un sac noir sur la tête.

Ils leur lièrent les mains avec des colliers d'électriciens, technique largement éprouvée dans les pays orientaux. Un homme avait échappé involontairement à l'attaque, car il était aux toilettes à ce moment-là. Il réagit immédiatement à l'alarme et regarda sans comprendre ses collègues en sidération. Il s'arma d'un fusil à pompe et gravit doucement l'escalier menant à l'étage.

Le garde forestier démantelait à coups de crosse la centrale d'alarme pour faire taire la sirène interne qui était près de la porte menant au sous-sol. Soudain, il vit apparaître le canon du fusil à pompe et s'en empara. L'homme du service de sécurité désarmée dégringola les escaliers de la cave et s'assomma sur le béton complètement groggy. Il n'avait pu entrevoir son agresseur

Il fallait partir et vite, pour emmener ceux qui devenaient des otages d'*Apis Pollinis Robotix.* Ils furent entassés sans ménagement dans deux 4X4 et cachés sous des couvertures, ils prirent la direction du Bunker de l'entreprise. Premier acte de la vengeance de John.

11

Bunker de Apis Pollinis Robotix

En état de sidération, les sept hommes de *Mafianto* attendaient dans la cellule où Robert avait été mis au frais. Le premier interrogatoire eut lieu avec le *Chairman*. Il fut extrait de la cellule et conduit dans un bureau équipé d'un magnétophone. Prié de répéter ce qu'il avait dit à ses stagiaires, il confirma que *Mafianto* n'était pas impliqué dans la destruction du chalet. Il ajouta que c'était la dernière réunion prévue en Suisse par la direction et que bientôt celle-ci ferait une conférence au plus haut niveau dans un lieu confidentiel. Il fournit les coordonnées de son supérieur direct celles-ci allaient s'avérer utiles par la suite, son ordinateur ayant été saisi. Toujours docile, il donna son mot de passe.

L'interrogatoire des six autres participants montra qu'ils étaient des exécutants. L'attaché pour la Suisse donna le nom du tireur qui avait blessé John. C'était l'homme déjà soupçonné par la police.

Malheureusement, on ne pouvait faire état du témoignage obtenu sous la contrainte.

John réunit son équipe pour décider du sort des kidnappés :

- Je propose que nous gardions le *Chairman* et que nous libérions les autres aux abords du chalet dans les heures qui viennent, ils ne se souviendront de rien.
- Que veux-tu faire du chef ?
- C'est un otage que je veux échanger contre une rançon.
- Nous ne pouvons le garder indéfiniment au-delà de douze heures !
- On peut prolonger son état de sidération au moins une fois sans danger. Je propose de le garder à l'isolement, de ne pas parler en sa présence et d'être masqués comme de vulgaires bandits. Il ne doit pas nous identifier.
- Soit, mais quelle sera la rançon ?
- Des lingots d'or qui m'ont été dérobés après une transaction avec l'ambassade de Chine. Nous avons besoin d'argent pour nous reconstruire.
- Cette affaire ressemble à de la truanderie il faudra agir avec précautions.

Nous sommes des industriels pas des bandits.

- Et *Mafianto* n'est-ce pas des gangsters en col blanc ? Il faut leur donner une leçon. Nous allons nous servir de l'ordinateur du chairman et prendre contact avec eux. D'abord, libérons les autres.
- As-tu pensé qu'ils pourront repérer l'endroit d'émission ?
- Oui et nous passerons le mail en WI-FI dans un lieu public. La gare de Delémont par exemple. En attendant, nous maintenons le *Chairman* en cellule qui est très bien conçue pour cela. Il y a une douche, des toilettes et nous lui passerons la nourriture par une trappe dans la porte. Nous allons ajouter une caméra de surveillance avec la lumière 24h sur 24. D'autres questions ?

L'affaire semblait entendue, il n'y eut pas de questions.

12

Abords du chalet Mafianto.

Tard dans la soirée, un employé de la société de surveillance alertée par l'alarme était sur place.

Il constata l'effraction de la porte d'entrée et trouva la pièce principale vide, avec le système d'alarme fracassé. Les hommes du colloque avaient disparu. Au sous-sol, les hommes de surveillance sidérés, fixaient de leurs yeux vides les écrans d'ordinateurs. Celui qui avait fait une incursion à l'étage et perdu son fusil se tâtait le crâne. Il ne comprenait rien de ce qui lui était arrivé.

L'employé sortit son téléphone portable et appela la gendarmerie de Delémont qui serait sur place dans une vingtaine de minutes. Il s'assit vers les hommes sidérés et attendit. Les douze heures n'étaient pas écoulées pour qu'ils sortent de leur torpeur.

Pendant ce temps, un homme de John déposait discrètement avec son 4X4 les six hommes du colloque sur le sentier menant au chalet de *Mafianto*. Ceux-ci, hébétés, restèrent figés comme des statues au milieu du sentier. C'est là que les trouvèrent les gendarmes en route vers le chalet.

Ces derniers ne comprenaient rien à cette situation et déjà imaginaient une prise collective de drogue dure qui plongeait les six hommes dans cet état d'hébétude. Ils décidèrent de les évacuer au poste de police pour les mettre en cellule de dégrisement.

Le fourgon qui suivait les prit en charge. L'examen du chalet les troubla complètement. Effraction de la porte, alarme détruite, garde désarmé. Cela sentait le règlement de compte avec un dealer. Les gendarmes décidèrent d'appeler le spécialiste en détection de drogue avec son chien. Celui-ci passerait en revue tous les recoins du chalet.

Le téléphone du chef de brigade sonna dans son blouson :

- Chef, il semble que les hommes en cellule se réveillent. Ils ont les yeux écarquillés et ne semblent pas comprendre ce qu'ils font là. Apparemment ils sont amnésiques, mais disent être employés du trust *Mafianto* et qu'il manque leur chef le *Chairman.*

- Gardez-les au frais pour usage de drogue, nous allons enquêter sur place. Faites venir le maître-chien !
- À vos ordres chef !

Les hommes de garde du sous-sol sortaient de leur torpeur. Celui qui avait une bosse à la tête raconta qu'il était monté à l'étage suite au déclenchement de l'alarme et s'était fait désarmer quand il avait entrouvert la porte. Quoi ? fit le chef de brigade.

- Vous étiez armé ?
- Oui, bien sûr, nous devons surveiller l'extérieur et protéger le colloque.
- Colloque de trafic de drogue, oui !
- Je ne sais pas se qui ce dit ici, nous autres assurons la sécurité.
- Quelle est votre agence de sécurité ?
- Nous sommes recrutés directement par *Mafianto.*
- Je vois, je vois, on vous retrouve tous endormis et vous ne savez pas pourquoi !

- Je crois que nous avons été victimes d'une agression. On nous a gazés !
- Bien, on vous embarque au poste !

13

Bunker d'Apis Pollinis Robotix.
Lieu de détention.

Le *Chairman* retrouvait ses esprits, il était debout dans sa cellule et ne comprenait pas ce qu'il faisait là. La cellule était éclairée et il remarqua une caméra de vidéosurveillance dans un angle au plafond.

Il avait un lit, une table fixée au sol, un tabouret en plastique et un coin toilette avec douche. Il avait conservé ses habits, mais les poches vides : pas de papiers, de carte bancaire, de téléphone. Rien. Il se dirigea vers la porte, car il avait entendu un petit bruit.

Un clapet s'ouvrit et un plateau-repas fut glissé par l'ouverture avec un message. Il lut : *« Vous êtes notre prisonnier, il ne vous sera fait aucun mal, nous allons vous échanger contre une rançon. Vous resterez ici le temps de la négociation. Signé : Un collectif d'apiculteurs ».*Tout en attaquant son plateau-repas le *Chairman* se dit qu'il n'avait aucune chance de voir la négociation aboutir !

14

Gare de Delémont.
Cyber café.

Heïdi munie de l'ordinateur portable du *Chairman* s'installa sur un comptoir et se brancha sur le réseau. Munie du mot de passe, elle trouva l'adresse mail de *Mafianto* qui était celle du chef des opérations de communication du groupe : *« Messieurs, nous détenons en otage votre Chairman qui organisait une de vos réunions à Delémont. Nous vous le rendrons contre une rançon de la valeur des lingots d'or que vous avez volés à la firme Apis Pollinis Robotix ni plus ni moins. Nous attendons votre accord par retour. Inutile de prévenir la police. Nous sommes introuvables.*
Signé : Un collectif d'apiculteurs »

La réponse revint presque instantanément : *« L'homme que vous détenez ne nous intéresse plus, vous pouvez le garder, nous nous gardons les lingots. D'autre part comme vous avez communiqué avec nous et que nous vous avons géo localisé, un virus va détruire votre disque dur et tout ce qu'il contient. Bonne journée. »*

Effectivement, dans la minute qui suivit l'écran vira au noir et toute tentative d'allumage fut vaine. Heïdi, dépitée se rendit compte que l'ordinateur étant ciblé il fallait s'en débarrasser. Elle but une tasse de café et abandonna l'appareil sur le siège en moleskine au fond du bar et rentra au bercail contrariée par la tournure que prenait l'affaire.

L'état-major se demandait bien pourquoi le *Chairman* était devenu sans intérêt pour *Mafianto*. Ils décidèrent de l'informer de la situation et lui passèrent un message sur un bloc par la trappe de la porte : *« Mafianto ne veut pas vous échanger contre rançon et se désintéresse de vous. Il dit que nous pouvons vous garder. Votre avis ? Vous avez un crayon et un bloc pour répondre. »*

L'homme se rendit vers sa table. Il réfléchit un instant, la tête entre les mains. Ce qu'il redoutait venait d'arriver. Il devait révéler sa véritable nature et coopérer avec ses ravisseurs.

Il rédigea le texte suivant : *« Puisque Mafianto se débarrasse de moi, c'est que je suis maintenant sans intérêt pour lui, car je suis le clone d'un autre Chairman resté au siège de la compagnie. D'autres Chairmans existent et sont tous aussi interchangeables que moi en cas de pépin ; c'est ce qui vient de se produire. Si vous me relâchez dans la nature, je serai sans défense, donc je désire coopérer avec vous. Si vous doutez de ma situation de clone, regardez par le judas je soulève ma chemise ».*

Il repassa une feuille du bloc avec son texte par la trappe de la porte et souleva sa chemise. Stupeur. L'homme n'avait pas de nombril. C'était bien un clone.

Que faire de sa proposition ? Des réactions fusèrent :

- Comment juger de sa sincérité ?
- Mettons-le en état de sidération, il répondra à toutes nos questions.
- Il nous faut plus de précisions sur l'organigramme de *Mafianto.*
- Gardons-le encore au frais, il nous faut réfléchir sur cette situation inédite.
- Répondons que nous allons réfléchir !

En retour, une note passa par le guichet de la porte : « *Nous allons statuer sur votre sort, ne craignez rien.* »

15

Chalet Mafianto.

Les gendarmes venaient de recevoir le chien de dépistage de drogue. On le promena de pièce en pièce y compris la cave et le grenier en soupente. Après avoir fureté, le bilan s'avéra négatif. Aucune trace de drogue. Par contre, on trouva des fusils de chasse avec chevrotines qui n'avaient pu servir. Ajouté à cela les ordinateurs de surveillance couplés aux cameras externes laissaient supposer que des discussions ultras confidentielles avaient eu lieu dans la pièce principale du bâtiment. Impression renforcée par la cage de Faraday ceinturant la pièce. Les occupants ne voulaient pas être espionnés. On allait soumettre à la question ces messieurs, actuellement bien au frais à la gendarmerie. Il fallait rentrer au poste d'autant que la nuit avançait. En scellant la porte, le chef entendit un bruit sourd comme une détonation retentir à l'intérieur du chalet et des flammes s'élevèrent de la toiture. En un instant celle-ci devint un brasier se communicant à tout le bâtiment.

Par conscience professionnelle le chef alerta les pompiers de Delémont qui de toute façon arriveraient trop tard. Il ne resterait que des cendres et les preuves éventuelles disparues. Drôle d'affaire dans un pays réputé tranquille. Deux incendies de chalet en peu de temps.

Interloqué, le chef de brigade rejoignait ses quartiers avec ses hommes et à ce stade une apparition fantasmagorique dans la sapinière ne l'aurait point surpris. Il commençait à se sentir atteint par l'irrationnel. La suite allait lui donner raison.

Pour l'heure, Delémont brillait de toutes ses lumières urbaines et la nuit s'annonçait tranquille. La brigade croisa sur sa route les pompiers qui se rendaient au feu. Demain serait un autre jour.

16

Bunker Apis Pollinis Robotix.

L'équipe de direction était dubitative, car elle ne savait pas comment traiter le cas du clone mis au frais entre les murs. Selon une loi de la mécanique quantique, il y avait la possibilité que son double communique avec lui. Accepter la coopération impliquait le risque d'introduire le loup dans la bergerie. Que faire ?

John émit l'idée que tant que le clone resterait entre les murs qui étaient conçus pour résister aux radiations atomiques la communication quantique était peu probable. Finalement, l'idée qui prévalut fut de replonger le clone en état de sidération et de pousser l'interrogatoire pour avoir plus d'informations sur l'organisation *Mafianto*. On introduisit une paire de frelons qui lui délivrerait une bonne dose de venin incapacitant. En quelques secondes, l'affaire fut conclue.

17

Poste de police de Delémont.

« Nous avons neuf personnes au poste suspectées pour trafic de drogue. » Le chef de brigade faisait le point de la dernière intervention au chalet *Mafianto* maintenant réduit en cendres.

L'audition des suspects allait commencer lorsque se présenta un homme en costume cravate se disant avocat de *Mafianto* et qui venait assister les employés de la firme.

Le chef de brigade le reçut dans son bureau et l'avocat prit la parole :

- Monsieur, vous ne pouvez poursuivre ces hommes qui avant tout ont été victimes d'une attaque alors qu'ils étaient en stage dans un chalet qui a brulé depuis. D'ailleurs si vous avez recueilli leurs papiers vous verrez qu'ils sont parfaitement en règle.

- En effet, tout semble normal, mais je dois faire appel à leur témoignage pour tenter d'éclaircir dans quelles circonstances ils ont pu être frappés d'hébétude. Le gardien qui n'a pas été mis dans cet état est formel. Il a été agressé et désarmé. Quelqu'un l'attendait en haut des escaliers de la cave. Les autres ne se souviennent de rien. On peut penser qu'ils ont été gazés. Mais par qui ?

- *Mafianto* a de nombreux ennemis qui voient d'un mauvais aloi cette firme organiser régulièrement des stages d'écologie avec ses cadres, dans un lieu tranquille. Ces derniers partent tous avec un diplôme certifiant leurs nouvelles connaissances.
- C'est sans doute pourquoi vous avez embauché des gardes armés !
- Malheureusement, ils ont été surpris et sans défense. Je crois que vous feriez bien de chercher la piste de ceux qui ont fait le coup.
- C'est notre affaire. Je vous propose de libérer vos hommes et de les accompagner à la gare la plus proche afin qu'ils quittent la Suisse. Ils ont d'ailleurs des billets pour cela. J'ajoute que l'incendie du chalet me laisse perplexe. Décidément votre

firme est au centre d'évènements bien mystérieux.

- À vous de résoudre l'énigme, mais je ne vois pas en quoi la rétention des employés *Mafianto* a pu vous inspirer quoi que ce soit. Notez cependant qu'il manque une personne : Le *Chairman* qui était chargé d'animer le stage. Si je suis ici, c'est que la société *Mafianto* a reçu par mail une demande de rançon émanant d'un groupe qui se qualifie *« Collectif d'apiculteurs »* et dont le message est parti de la gare de Delémont avec l'ordinateur volé au *Chairman.* Donc voici du travail d'investigation en perspective, mon cher !
- Je n'avais pas cette information !

18

Siège de Mafianto
Bâle.

À l'étage supérieur d'un immeuble de verre, les instances stratégiques de *Mafianto* étaient réunies pour faire le point sur l'enlèvement d'un *Chairman*. Celui qui avait provoqué la réunion prit la parole :

- Nous avons une épine dans le pied. Un de nos *Chairman* est pris en otage du côté de Delémont. Nous supposons qu'il est retenu dans un endroit que nous ne pouvons localiser. Comme il s'agit d'un clone, nous essayons de le contacter par le canal de son original. Cette situation est dangereuse, car il peut révéler des secrets sur le fonctionnement du groupe. Nous allons dépêcher nos limiers sur place pour obtenir des indices afin de le localiser. Déjà nous avons envoyé un de nos avocats pour rapatrier les derniers stagiaires. C'est en bonne voie et nous allons les prendre en main pour découvrir comment ils ont pu être neutralisés. Nous ferons des examens médicaux approfondis.

- Si vous trouvez le *Chairman* otage, qu'allez-vous faire de lui ?
- Nous l'enverrons au recyclage. Ce n'est pas un humain ! S'il n'est pas recyclable, il passera à l'incinération. C'est dans la chartre environnementale.
- Qui a revendiqué la rançon ? Vous dites avoir été contacté et par quel moyen ?
- Un mail venant précisément du portable dévolu au *Chairman,* ses ravisseurs ont donc obtenu ou trouvé le mot de passe.
- Le mail est signé : *« Un collectif d'apiculteurs »* ensuite la trace du portable a été localisée dans un bar voisin de la gare de Delémont. Nous pensons que le fameux John Brown est derrière tout cela. Impossible de l'attaquer, car il siège dans un bunker sous protection des services spéciaux suisses.

- S'ils ont obtenu le mot de passe, le clone a parlé, peut-être sous la torture ? Dans ce cas il est trop tard ils savent déjà beaucoup de choses sur nous.
- Vous devriez savoir qu'un clone est insensible à la douleur. Il s'agit d'autre chose. Un expert a pu trouver le mot de passe tout seul. Nous devons envoyer le *« maître clone »* sur place et essayer de communiquer et neutraliser le clone otage avant qu'il ne soit trop tard.
- Dans ce cas, pourquoi ne pas l'avoir échangé contre la rançon demandée ? De plus, vous avez grillé l'ordinateur qu'ils ont ensuite abandonné. Nous n'avons plus de possibilité de renouer avec les ravisseurs.
- Par principe, on ne négocie pas.
- Donc, nous n'avons pas de solution rapide. Le clone est perdu pour nous.

L'instigateur de la réunion se sentit mis en cause et contre-attaqua aussitôt :

- Je veux la tête de celui qui a répondu au mail de revendication et plus encore pour avoir détruit l'ordinateur du *Chairman*. Nous sommes en échec de sa faute.

19

Bunker Apis Pollinis Robotix
Delémont.

Comment rendre inoffensive ou impossible une communication quantique ? Telle était la question que se posait la direction qui entourait John. Un petit jeune leva la main pour prendre la parole :

- Oui ! nous vous écoutons ?
- J'ai lu dernièrement un livre de fiction où il était question d'une combinaison isolante réalisée en fils de cuivres tissés. En somme, une cage de Faraday autonome ! On peut adjoindre un masque de la même façon.
- Voilà une idée. Mais qui va pouvoir réaliser une telle merveille ?
- Il existe dans nos alpages des tricoteuses douées. On peut en trouver au moins une !
- En attendant, gardons dans nos murs de béton le sujet qui nous intéresse. Nous verrons plus tard pour les trico-

teuses. Qu'elles continuent avec leurs chaussettes à quatre aiguilles.

Le *Chairman* en état de sidération allait être soumis à la question. La porte de la cellule fut ouverte et l'interrogatoire allait commencer.

- Pouvez-vous nous donner la fréquence des réunions du *staff de Mafianto ?*
- Impossible, un ordinateur décide de la date et du lieu de façon aléatoire.
- Comment sont convoqués les participants ?
- Par SMS cryptés.
- Avez-vous une idée du pays où les réunions se tiennent ?
- Bien évidemment la Suisse.
- Et la ville ?
- J'ai déjà dit que l'ordinateur décidait aléatoirement.
- Si vous voulez coopérer avec nous, il faut en dire plus !
- Impossible je ne suis qu'un clone.
- Nous allons vous laisser vous reposer dans votre cellule.

À ce point de l'entretien, l'équipe de John sentit venir le découragement. Que faire de cette personne ? La question était de savoir si l'on avait affaire à un être humain ou un genre de robot en ayant l'apparence ? Fallait-il le lâcher dans la nature et le laisser à son destin ? De toute façon il ne se rappellerait pas de son passage au bunker ni même des circonstances de son enlèvement.

La décision fut prise de le conduire dans une sapinière pas trop loin d'une route pour être repéré par des promeneurs.

John qui avait pensé à une offensive contre *Mafianto* était paralysé.

En attendant de trouver un plan d'attaque, sa production de frelons clandestins allait continuer en vue de constituer un stock.

Une nouvelle alarmante venait de parvenir par le chef de la sécurité. Il était visiblement catastrophé.

- La camionnette qui vient de quitter le bunker avec son chargement de frelons vient d'être attaquée elle a été braquée par des hommes cagoulés et gantés qui se sont enfui avec tout le chargement.

20

Revue de presse.
Quotidien jurassien de Delémont.

Sous le titre « **Des faits étranges** »
Des faits étranges se sont produits dans notre commune. En effet, un chalet loué à l'occasion d'un stage de formation organisé par la société Mafianto s'est embrasé accidentellement. Au paravent, les stagiaires avaient disparu et ont été retrouvés errants dans une sapinière, ils ne savaient pas pourquoi ils étaient à cet endroit. La gendarmerie enquête sur cette affaire qui pourrait être un règlement de compte lié à la drogue. L'avocat de la société Mafianto a démenti le propos et a obtenu la libération des stagiaires au nombre de six alors en garde à vue. Enfin un dernier homme a été retrouvé errant sur une route de Delémont par des promeneurs et lui aussi visiblement amnésique. Les papiers retrouvés sur lui indiquaient son appartenance à la société Mafianto en tant que manager.

Déjà une rumeur circule liée à l'incendie étrange du chalet : tous ces hommes auraient été victimes d'extraterrestres ce qui expliquerait leur amnésie.
Ces extraterrestres voulaient-ils s'emparer des secrets de la firme Mafianto ? Seraient-ils écologistes ?
L'imagination fertile de nos concitoyens est parfois stimulée par une soirée fondue arrosée au fendant et se terminant par une partie de tarot animée. On peut toujours scruter le ciel !
Chers lecteurs à vos télescopes !

21

Ambassade de Chine.
Genève.

Le commando qui avait attaqué le fourgon porteur des frelons à destination des services du ministère de la guerre suisse rendait compte de sa mission. Les volatiles étaient pour l'heure dans le garage en sous-sol de l'ambassade. Ils ne seraient pas déballés et partiraient tels quels en direction de la Chine où ils devaient faire l'objet d'une analyse poussée pour donner des indications précieuses sur les secrets de fabrication d'*Apis Pollinis Robotix*. De plus, la composition du liquide incapacitant ferait la joie des chimistes chinois.

Déjà l'usine de Taiwan avait exporté ses premiers frelons *« Made in China »* et les commanditaires étaient satisfaits des résultats obtenus sur les récalcitrants à leur *« régime démocratique »*. Les fabricants de matraques et autres objets contondants étaient au bord de la faillite. Seuls les états impécunieux utilisaient encore ces instruments d'un autre âge.

L'achat des frelons nécessitait un investissement important que l'ONU ne pouvait accorder qu'avec l'approbation des ligues de défense des droits de l'homme.

La petite Si-Mu qui avait été rétrogradée de son poste à l'ambassade, avait rejoint l'usine de Taïwan et se trouvait sur une chaîne de production de drones abeilles. Si elle montrait un certain entrain au travail, elle pouvait espérer un poste de maitrise ou retrouver sa fonction de cariste qu'elle avait exercé au Burkina Faso. Elle ne pouvait donc plus tenir au courant John des faits et gestes de l'ambassade et lui donner des pistes.

Dans l'immédiat, on emballait le colis volé pour Taïwan sans rien toucher à l'emballage d'origine conformément aux instructions expresses du chef de fabrication de l'usine. *« Livrer dans l'état de sortie de l'usine de Delémont. »* Un avion spécial sous couvert diplomatique avait été affecté pour ce transport.

22

Usine de Taïwan.
Laboratoire de mise au point des drones.

Le colis venant de Genève était arrivé et se trouvait sur une paillasse du laboratoire de recherche. Le premier emballage enlevé on s'attaqua au carton d'origine *Apis Pollinis Robotix*.

Surprise ! Le contenu était une boîte métallique avec une serrure codée. Les frelons étaient inaccessibles. Que faire ?

Avec cinq chiffres, les combinaisons étaient innombrables. Restait la technique de l'ouvre-boîte. La tôle ne paraissait pas très épaisse, on choisit une scie circulaire pour découper la boîte. Une scie identique à celle que l'on utilise pour découper les boîtes crâniennes dans les autopsies.

Les dents du disque en acier spécial n'entamèrent pas le métal. On remplaça le disque par un disque abrasif à tronçonner. Il y eut quelques étincelles et le disque éclata. Heureusement que l'opérateur avait mis ses lunettes de sécurité sinon le morceau qui se ficha dans un de ses verres en plastique lui aurait crevé un œil. Perplexes, les laborantins sortirent un micro chalumeau à plasma. Il fallait s'attaquer aux charnières du couvercle. Aucun métal connu ne pouvait résister au dard de la flamme qui vaporisait le métal en fusion. On laissa la boîte refroidir. Enfin on allait pouvoir basculer ce satané couvercle au mépris de la serrure inviolée. Des sourires se dessinaient sur les visages des participants. On souleva le couvercle avec précaution et apparurent les frelons dans des alvéoles scellées par une feuille de plastique transparente. Une main gantée fit bâiller un peu plus le couvercle. On voulait aller plus avant dans la curiosité. Soudain, il y eut un déclic et une explosion !

Un mécanisme d'auto-destruction venait de ravager le contenu de la boîte et du même coup endommager la main du laborantin. Du magma résultant de la destruction montait une fumée toxique qui fit tousser les participants. Une personne bien avisée se saisit d'un récipient en plastique et coiffa l'objet afin de l'isoler. On pouvait respirer. Tous se regardèrent et s'ils avaient pensé aux gants ils avaient oublié les masques. L'homme à la main endommagée venait de s'effondrer. Le contenu des poches à venin s'était échappé et touché la main dont le gant s'était déchiré sous l'explosion.

Tous connaissaient l'action du venin qui normalement mettait les gens en état de sidération. Des accidents avaient eu lieu en production sans plus de dommages sur les ouvriers maladroits.

Cette fois, c'était sérieux, on avait atteint la dose létale. Le cœur du laborantin ne battait plus. Quelle était donc la composition du venin suisse ?

Tchang informé venait d'arriver dans le labo. On ne pouvait rien faire pour le mort qui serait rendu à sa famille. La notion d'accident de travail serait évoquée, mais ses proches ne pourraient être indemnisés. Ici pas de conventions collectives. Rentabilité avant tout.

Tchang demanda que le colis soit mis en quarantaine dans une enceinte fermée et sous aspiration. Il voulait en savoir plus sur la composition du venin suisse apparemment mortel à forte dose. Si tel était le cas, il n'oublierait pas de le faire savoir aux acheteurs potentiels voyant venir ce concurrent sur le marché de la répression.

23

Infirmerie Mafianto
Siège de Bâle.

Les sept hommes retrouvés par les services de police de Delémont, errants dans la nature étaient à l'infirmerie pour un examen approfondi. Déjà, leur sang avait été prélevé et analysé. Tout était normal. Pas de traces infimes de drogue. Seule la mémoire des évènements vécus était effacée.

Avaient-ils été gazés ? Avec quel produit ?

Le médecin présent décida d'examiner à la loupe les parties non couvertes par l'habillement et trouva des traces de piqures au niveau de la nuque. Une petite rougeur sans plus. Piqûre d'un insecte ou drone piqueur.

Immédiatement, la direction de *Mafianto* fit le rapprochement avec les drones frelons de fabrication chinoise ou suisse. Qui avait fait le coup ? De toute façon rien n'avait pu être soutiré du *Chairman* qui allait être recyclé.

Les six autres participants seraient retirés de leur lieu de travail habituel et envoyé sur l'île de Kauai de l'archipel d'Hawaï pour travailler sur la recherche d'OGM. Quant aux gardiens, ils seraient affectés à la surveillance des dépôts de produits chimiques à Bâle. Restait le clone *Chairman.* Comme ce n'était pas un vrai humain dont il avait seulement l'apparence, il fut dirigé vers le recyclage.

Le recyclage consistait à vider le sujet de son sang synthétique pour purification antivirus et ensuite de procéder à une trépanation afin de récupérer le cerveau électronique pour révision. En fait le corps était humain, car le clonage passait par un ovule inséminé artificiellement par les gamètes de l'homme à cloner. On fabriquait donc un jumeau plongé dans une solution mère pour lui donner la taille adulte en moins d'un an.

Ensuite, adulte et non mature, car sans éducation ni affect on lui greffait un cerveau électronique qui était aussitôt programmé par communication quantique avec un satellite. On pouvait fabriquer autant de clones que nécessaire, ce qui s'avérait pratique en cas d'accident ou d'attentat. Il n'y avait pas d'original au siège de la firme *Mafianto*.

Tous les cadres de *Mafianto* étaient issus de la même filaire ; c'est à dire sans âme et sans scrupules. Ils n'étaient pas humains !

24

Département fédéral de la défense
Berne

La consternation régnait dans le département suite à la disparition de la livraison des derniers frelons. Une nouvelle commande venait d'être passée chez *Apis Pollinis Robotix*. Ils ne pouvaient être tenus comme responsables du vol commis. Si on voulait une production de frelons il fallait conforter la firme dans sa fabrication de clones abeilles.

À ce sujet le gouvernement fédéral subissait des pressions de la part de *Mafianto* qui n'avait pu obtenir de la part de John la vente de ses brevets d'invention alors qu'il se trouvait en Écosse pour son voyage de noces. Le gouvernement fédéral était convaincu que fabriquer en masse des clones pour la pollinisation était une utopie couteuse et que l'entreprise de John était vouée à l'échec à long terme, mais que son expérience était précieuse pour la fabrication des frelons destinés à l'exportation suisse.

Les Chinois étaient sur l'affaire et tenaient une grande partie du marché mondial. Personne ne s'en plaignait du moment que les opposants qui tenaient la rue étaient neutralisés sans violence.

Dans l'immédiat il fallait fournir de nouvelles doses de venin à *Apis Pollinis Robotix*, dont le fournisseur était *Mafianto* expert en poisons de toute nature et qui avait conclu un marché avec le gouvernement fédéral. Ensuite sécuriser les transferts de frelons et trouver autre chose qu'une camionnette.

Pourquoi pas un drone de livraison de colis comme le faisait déjà une grande enseigne de vente par correspondance ?

25

Bunker d'Apis Pollinis Robotix
Delémont

Le ministère de l'Intérieur de Berne venait de faire part du changement de procédure pour la livraison des futurs lots de frelons. John et son équipe soupçonnaient un commando chinois à l'origine du rapt de la dernière livraison.

La correspondante Si-Mu n'étant plus à l'ambassade on perdait une précieuse informatrice. Heïdi voyait plutôt en cela, une bonne nouvelle. John ne pourrait plus jouer le joli cœur !

John s'interrogeait sur l'origine du liquide incapacitant et trouvait que la sollicitude du gouvernement suisse après l'incendie de son usine était assez prégnante. Qui avait mis le feu à son usine ? L'enquête était au point mort.

26

Direction de l'usine de Taïwan.

Une décision allait mettre en péril la bonne fortune de Heïdi.

Le hold-up perpétré contre le dernier transport des frelons destinés aux autorités suisses s'était soldé par un échec.

La boite était trop bien protégée. Il fallait absolument se procurer des échantillons de frelons made in Delémont et analyser le produit incapacitant fourni par *Mafianto.*

Si-Mu fut désignée pour se rapprocher de John et donc de reprendre ses fonctions à l'ambassade de Genève.

Elle devait en savoir plus sur le mode de transport. Le staff chinois misait sur le charme et les appâts de leur employée, dont John ne pouvait rester insensible car il y avait déjà goûté. Si-Mu ne put cacher sa satisfaction. Ces deux-là étaient faits pour s'entendre.

Dans un dernier entretien avec Tchang au bureau de la direction de l'usine de Taiwan, il lui fut signifié que cette mission était une chance pour elle, qu'elle ne pourrait batifoler à sa guise, mais devait réfléchir sur la manière d'aborder John dès qu'elle serait sur place à l'ambassade de Genève.

Tchang l'informa qu'un dossier émanant des services secrets chinois opérants sur la Suisse l'attendait à l'ambassade de Genève. Ce dossier lui donnerait des informations précieuses sur l'incendie de l'usine de Delémont et conditionnerait sûrement son approche vers John. Elle devait mettre à profit toutes ses affinités y compris physiques.

27

Ambassade de Chine,
Genève.

Si-Mu se trouvait dans le bureau du secrétaire d'ambassade. Elle était arrivée le matin même et une voiture était venue la chercher à l'aéroport. Cette personne d'aspect assez sévère entreprit de lui signifier les conditions de son séjour.

Elle était attachée à l'ambassade et par ce statut protégée diplomatiquement au titre de conseillère économique. Elle allait bénéficier d'un petit appartement au centre de la ville dont le loyer serait payé par l'ambassade. Une surveillance discrète avec protection serait assurée. Bref elle était une taupe visant l'organisation des entreprises suisses.

Le secrétaire sortit un dossier de son tiroir et dit :

- Voici un dossier confidentiel de nos services secrets en Suisse. Vous devez le lire sur place avec attention et me le rendre avant de quitter l'ambassade.

Je vous ai réservé un petit bureau ou vous pourrez lire tranquillement et faire votre rapport une fois par semaine si besoin.

- Bien monsieur le secrétaire, je pense que vous allez me fournir un pécule pour mes dépenses courantes et me vêtir à l'européenne.
- En effet vous n'aurez que de l'argent liquide. Pas de carte bancaire donc pas de traces. On va vous donner un téléphone ultra sécurisé avec un numéro préprogrammé. Vous devrez donner un code de confirmation à chaque fois.
- Je vois que je vais avoir la panoplie du parfait agent secret. Aurai-je une voiture ?
- Elle est au parking. Voici les clés et un badge magnétique pour entrer et circuler dans notre ambassade, mais seulement aux endroits qui vous sont permis. Inutile d'exhiber le badge il sera lu dans votre poche. Avez-vous d'autres questions ?
- Dois-je fournir des éléments sur ma stratégie d'approche des informations que l'ambassade recherche ? C'est-à-dire la formule du liquide in-

capacitant des frelons made in Delémont ?

- C'est votre affaire seul le résultat compte, mais je crois que la lecture du dossier que je vais vous confier va vous éclairer sur la conduite à suivre avec John. Au travail !

Si-Mu fut dirigée vers son bureau particulier, petit, mais confortable. Sur le bureau un ordinateur portable destiné aux rapports hebdomadaires, mais pas de connexion sur le web, dans un tiroir le téléphone et le code de reconnaissance, plus une enveloppe avec des coupures suisses. Dans un autre tiroir son badge d'accès et les clés avec l'adresse de son logement plus un plan de la ville. Elle disposait d'un garage en sous-sol.

Elle entreprit la lecture du dossier que le secrétaire lui avait prêté. La teneur du dossier lui donna en effet une piste d'approche vers John. Elle lisait : *« Nous avons la preuve que l'incendie de l'usine chalet d'Apis Pollinis Robotix est le fait d'un commando payé par le gouvernement suisse. Celui-ci attendait de pouvoir fournir une assistance au redémarrage de la production des drones abeilles.*

Il autorisa donc l'utilisation d'un bunker désaffecté et ceci gratuitement. En contrepartie John devait fournir des frelons destinés à l'exportation. Les doses de venin incapacitant seraient fournies par le ministère de l'Intérieur. Un de nos commandos a d'ailleurs réussi à s'emparer d'une livraison de frelons. »

Suivait la relation des faits sur l'incendie du chalet *Mafianto* qui effaçait toutes traces pouvant orienter les enquêteurs qui ne paraissaient pas des plus motivés. On pouvait supposer une complicité avec *Mafianto*

Effectivement il y avait là matière à inquiéter John. Elle devait imaginer une stratégie pour prendre contact avec lui dès qu'elle aurait rejoint son appartement en ville. Elle rendit le dossier confidentiel et reçu en échange une liste d'entreprises à contacter afin de justifier sa couverture de conseillère économique.

28

Direction d'Apis Pollinis Robotix.
Delémont

John venait de recevoir un courrier émanant du gouvernement fédéral lui proposant de participer à une exposition en France avec ses drones abeilles.

Il lui était proposé de figurer dans un stand à la manifestation Micronora située à Besançon Micropolis. Ses drones abeilles devraient susciter la curiosité des visiteurs et autres habitués de la micromécanique. Les frais d'inscription seraient pris en charge par le gouvernement qui paierait aussi la publicité.

Il devait répondre de suite, car la manifestation avait lieu dans deux mois.

John convoqua son équipe sur le champ et expliqua le challenge. Monter en moins d'un mois un stand attractif où ses drones seraient mis en valeur devant les industriels du lieu. Lui ancien Franc-Comtois exilé allait se replonger dans le cadre qui lui avait été hostile et il songeait avec anxiété à son rapt sur une route du haut Doubs lorsqu'il circulait avec son side-car à hydrogène. Depuis le gouvernement avait changé et les écologistes étaient au pouvoir. Il serait bien accueilli avec ses drones.

Il dut faire face aux questions : *« Qui finance ? »* demanda Heïdi

- Notre hébergeur qui nous envoie ce courrier. Donc l'état fédéral.

Nous avons la responsabilité de la conception du stand et de son aménagement, et nous devons faire une simulation ici dans un endroit vide du bunker ce qui ne manque pas.

- Pourrons-nous faire voler les drones dans l'enceinte de la manifestation ?
- Oui, s'il n'y a pas de fréquences parasites avec le risque que les drones soient récupérés par un tiers.
- Si on vole on peut donc butiner il nous faudra des fleurs bien vivantes et sans pesticides.
- Ce sera l'occasion de démontrer que le pollen pollué n'est pas butiné donc deux sortes de fleurs.

John reprit la parole et dit simplement : « *Nous mettrons tout sous vitrine ainsi pas de risques de piratage. De plus les cerveaux électroniques des drones seront absents des échantillons. Il n'y au ra rien de plus que ce que nous avons vendu aux Chinois pour les dépanner. On devra nous croire sur parole avec les témoignages de ceux chez qui nous sommes intervenus pour polliniser. Je rappelle nous ne vendons rien, nous louons nos services* ».

- Donc, achetons des vitrines !
- Au boulot, conclut John. Le service communication doit mettre au point des argumentaires illustrés avec des exemples de coût selon la surface à traiter. Il nous faut aussi des vidéos de nos interventions entre autres, quand nous sommes allés dans les Vosges.

John avait besoin de détente et se dirigea vers le petit hangar extérieur en bois qu'il avait fait construire à coté du bunker. Son aile volante motorisée était toujours prête pour un petit vol au-dessus de Delémont. Un tireur embusqué allait-il se manifester ?

29

Ville de Genève.

Selon des instructions de dernière minute Si-Mu devait se rendre au siège de la Chambre de Commerce Suisse-Chine. Elle devait se documenter sur les possibilités du marché suisse et s'intéresser à l'industrie de micromécanique et horlogère. Elle préleva les documentations disponibles et vit que l'usine d'Apis *Pollinis Robotix* était répertoriée, mais non visitable, car sous contrôle du gouvernement fédéral. Un autre dépliant lui apprit qu'allait se tenir dans deux mois l'exposition Micronora à Besançon où *Apis Pollinis Robotix* aurait un stand et représenterait la Suisse.

C'était là l'occasion rêvée pour renouer un contact avec John.

Elle se surprit à sautiller joyeusement en sortant de l'établissement en se dirigeant vers son véhicule pour se rendre à son appartement dont elle devait prendre possession. Toute à ses pensées elle ne remarqua pas une discrète filature qui la suivit jusque chez elle.

Les clés en main elle poussa la porte. L'appartement était meublé à la chinoise, dans la plus grande simplicité. Le minimum vital pour se reposer. Un simple matelas au sol et une lampe de chevet. Une petite cuisine intégrée avec frigo et aussi un lieu d'aisance distinct de la salle de bain équipée d'une douche. De quoi être présentable pour les entretiens à prévoir avec les entreprises. Pour son linge elle irait au Lavomatic du coin. Elle posa sa valise et jeta un œil par la fenêtre pour voir sa voiture au parking. Elle entrevit une ombre furtive qui tournait autour. Un curieux sans doute intrigué par la plaque diplomatique. Elle se plongea dans la lecture de ses documentations. Elle alluma son portable pour appeler l'ambassade et donna son code.

- Monsieur, je crois que je vais aller au salon Micronora à Besançon pour prendre des contacts avec des exposants. *Apis Pollinis Robotix* sera représenté je pourrai poser des jalons.
- Très bien vous serez à la tête d'une délégation de quelques personnes de l'ambassade. J'annoncerai votre ve-

nue de manière officielle. En attendant installez-vous.

Après s'être douchée et avoir constaté que le frigo était vide, SI-Mu que son estomac titillait se mit en quête d'un restaurant proche de son domicile. Elle n'en trouva pas et se contenta d'un sandwich acheté au coin de la rue et décida de le consommer chez elle. Une ombre lui emboîta le pas.

30

Services secrets suisses, canton de Genève

L'homme qui avait suivi discrètement Si-Mu était au rapport. Ils passèrent en revue les infos collectées sur Si-Mu à savoir qu'elle était déjà employée à l'ambassade puis était retournée en Chine. Elle a un appartement en ville et semble donc jouir d'une certaine autonomie. Sa voiture est immatriculée corps diplomatique. Elle est donc intouchable.

- Mais pourquoi est-elle revenue ?
- C'est sûrement pour une mission d'espionnage économique au profit de l'industrie chinoise en rapport avec la technique des drones abeilles.
- Pourtant ces gens ont bénéficié d'une vente des drones *d'Apis Pollinis Robotix,* mais sans électronique embarquée à la charge des Chinois. C'est pourquoi l'usine de Delémont a été incendiée par nous. Depuis le gouvernement fédéral a pris les choses en main en louant symboliquement

un bunker désaffecté et en exigeant en contrepartie une production de frelons pour l'exportation. Cette production est sous contrôle.

- Sauf qu'une livraison de frelons a été détournée, disons volée par un commando sûrement chinois.
- Nous savons qu'*Apis Pollinis Robotix* a été choisie pour représenter la Suisse au salon *« Micronora »* à Besançon dans deux mois. Connaissant les affinités de la demoiselle avec le PDG de la firme elle devrait normalement le retrouver là-bas. Continuez votre surveillance. Voyez aussi ses moyens de paiement.

31

Dans le ciel de Delémont

John avait pris son envol, le moteur hydrogène de son parapente pétaradant dans son dos et une pleine nourrice d'eau clapotait sous son siège. Il était un peu inquiet, car à sa dernière sortie il avait été la cible d'un tireur embusqué dans une sapinière. La police cantonale avait un suspect potentiel qui niait farouchement, l'enquête semblait prise de torpeur.

L'altitude, le ciel pur, et l'aigle qui semblait l'accompagner, tout était propice à la réflexion.

Il se sentait prisonnier du gouvernement accordant des avantages, mais en le maintenant sous contrôle.

Sa lutte avec « *Mafiento* » lui parut faite de petites victoires, car personne parmi les puissants du moment n'avait envie de contrer la commercialisation des pesticides. Attendait-on le déluge ?

Pouvait-il envisager une production de masse de ses drones abeilles et les commercialiser ? Pour le moment il s'agissait de location au cas par cas.

En fait il réalisait qu'il servait d'alibi à la pollution. D'ailleurs *« Mafianto »* avait racheté tout ce qui pouvait se faire dans le domaine des drones. Allait-il les proposer aux apiculteurs ?

Les Chinois produisaient déjà en masse et voulaient perfectionner la nuisance de leurs frelons.

Tout a ses pensée, il ne vit pas qu'il perdait de l'altitude et qu'il approchait de la cime des sapins. Un de ses pieds racla quelques branches. Il remit les gaz ce qui lui fit gagner de la hauteur, mais le dirigeait droit sur une paroi abrupte. Virage à 90 degrés et reprise de hauteur gaz à fond. Le cœur en chamade il se posa sur le dessus de la falaise. Le souffle court il se désharnacha et contempla le paysage.

Son téléphone sonna dans la poche de sa doudoune. C'était Heïdi :

- John il faut rentrer, un évènement important se déroule à l'usine. Nous avons une grève sur les bras Les gars en ont assez de travailler dans une cave. De grévistes sont dehors sur la pelouse.

- J'arrive !

John était devant un problème inattendu. Il fallait trouver une solution sinon des difficultés étaient à prévoir avec le gouvernement fédéral.

Il remit son harnachement, lança le moteur et prit un envol gracieux en direction de la pelouse devant le bunker.

Un comité d'accueil l'attendait en suivant son vol. A l'atterrissage il eut droit à une ovation qui n'évoquait pas la joie et même des réflexions venant du petit groupe de grévistes : *« Monsieur le directeur prend le frais et s'envoie en l'air. Nous en avons assez de travailler sans lumière comme des rats. Il nous faut une solution. »*

John les invita à la cantine vide à présent.

John n'avait jamais eu à affronter des délégués syndicaux, car il n'y avait pas eu de candidatures ni d'élections. Tout s'était passé en famille à la mode suisse. Maintenant, il allait avoir en face de lui des représentants de l'UNIA Transjurane s'il ne trouvait pas une solution rapide.

La délégation s'installa à la cantine.

John dit : *« Je vous écoute que proposez – vous ? »*

- Nous en avons assez de vivre dans ce bunker prévu pour la guerre atomique.
- Je n'ai rien d'autre comme local disponible. Je vous propose deux poses de 15 minutes dans la journée elles seront payées.
- Ce n'est pas suffisant dit un énergumène en brandissant une carte du syndicat de l'UNIA. Nous voulons une augmentation des salaires.
- Je vais consulter le comptable et voir ce qui est possible. Réponse dans une semaine par voie d'affichage.
- Bla, bla. Il faut voir chaque poste de travail en fonction des risques.
- Dans ce cas il me faut un négociateur. Peut-être vous l'homme à la carte ? Je remarque que dans cette assemblée il n'y pas de personnel féminin.

Il y avait là en tout et pour tout quinze personnes sur un effectif de quarante. Que faisaient les autres à ce moment précis ? Le chef du personnel aussi présent lui glissa dans l'oreille que tous les ateliers étaient arrêtés. J'attire votre attention sur le fait que vous n'avez pas de représentants élus. Donc pas de négociation possible nous verrons chaque cas individuellement en tenant compte du rendement de chacun donc au mérite. Je vous demande de reprendre le travail, car nous avons des commandes à livrer pour la fin de semaine. Pour ce matin vous avez pris votre pose elle sera payée.

- Pensez-vous, Monsieur le Directeur, que nous aurons un jour un chalet comme nous avions avant l'incendie ?
- Notre trésorerie est faible et il faut vendre notre production. De plus rien n'est disponible à l'achat sur Delémont. Peut-être devrons-nous externaliser ?
- Et mettre nos emplois en balance ! ajouta l'homme à la carte syndicale.
- Raison de plus pour cesser la grève. Messieurs au travail pour le bien de tous.

John pensait avoir évité un conflit qui pouvait se durcir et il lui fallait neutraliser le leader en lui proposant un poste à responsabilité. Il partit dans le bureau du chef du personnel pour étudier le cas du meneur.

32

Bureau du chef du personnel
Apis Pollinis Robotix

John voulait en savoir plus sur le syndiqué UNIA. Il s'assit au bureau du chef du personnel et demanda le dossier de l'homme en question. Il craignait qu'il fût une taupe de *Mafianto* destinée à saboter sa production. Il interrogea :

- Que savez-vous de lui ?
- C'est un frontalier français. Il est Franc-comtois. Paul Pardon.
- Vos critères d'embauche ?
- Précisément il avait un certificat de travail faisant état d'une expérience dans la production de drones. Comme opérateur.
- Dans quelle firme ?
- Celle où vous avez travaillé comme ingénieur. Il a déclaré que la boite avait coulé suite au décès du directeur mort au travail. Il vous connaît.
- En somme un homme expérimenté. Quel poste occupe-t-il ?

- Opérateur sur la chaîne montage du guidage électronique. Son travail est dans les standards de production.
- Un bon élément en somme. Je vais réfléchir à son cas. Faites le surveiller par un homme de confiance.
- Il est déjà surveillé de par son appartenance syndicale.
- Merci. Tenez-moi au courant.

John n'avait rien trouvé d'anormal dans l'embauche du syndicaliste et il lui fallait trouver une solution autre que le bunker pour aussi se libérer de la tutelle du gouvernement fédéral. Les deux poses par jour pourraient calmer le jeu quelque temps.

Il lui fallait verrouiller le syndicaliste en l'occupant loin de ses compagnons et lui confier une partie du programme en vue de la manifestation de *« Micronora »* était la solution. Une salle était prévue à cet effet. Il appela le chef du personnel et le chargea de convoquer le Franc-comtois contestataire pour un changement de poste. Il serait sous contrôle direct de la direction avec une augmentation de salaire si tout se passait bien.

33

Deux mois plus tard,
Micronora Besançon.

L'équipe *d'Apis Pollinis Robotix* déchargeait la camionnette du matériel pédagogique mis au point par les chargés de communication. Ils devaient rejoindre l'emplacement qui leur était réservé.

Le consulat suisse avait fait intervenir une société Bisontine spécialiste en aménagement. Le fait que la Suisse soit présente était mis en valeur de manière ostensible avec une croix de belle dimension. On aurait pu aussi bien vendre du fromage et du chocolat. Mais il s'agissait de drones abeilles.

John se devait d'assister à la mise en route du stand. Deux personnes du service communication assureraient la permanence avec le syndicaliste pour remédier aux différents problèmes pouvant surgir au cours de l'installation. But : assurer la maintenance, car il avait accepté le changement de poste qui lui donnait un statut de professionnel. Il n'avait osé approcher John depuis la grève sur les conditions de travail.

John devait partir pour veiller aux livraisons et reviendrait pour un colloque où serait évoqué l'avenir des drones miniatures dans des applications pour le renseignement. L'Amérique du Nord en état de paranoïa pouvait être un client potentiel. Pour l'heure, les drones porteurs de missiles avaient la faveur des stratèges.

Quand il tourna les talons le stand avait fière allure avec ses vitrines installées et la documentation à disposition. Il avait prévu de rentrer par avion depuis La Veze.

Le chef du personnel ne signala pas de mécontentement chez le personnel.

Les premières livraisons par drones porteurs avaient été expérimentées avec succès.

Un drone se posait sur le toit du bunker et un employé accrochait le colis cartonné sous le ventre de l'appareil. Dès que celui-ci était verrouillé, un voyant se mettait a clignoter et le drone prenait son envol vers une destination programmée. Toutes les livraisons étaient arrivées au destinataire qui confirmait par un mail. Tout était OK.

34

Genève, voyage pour Besançon Micronora.

Une surveillance discrète était en place lorsqu'une spacieuse berline vint s'arrêter au pied de l'immeuble de SI-Mu. Les services secrets suisses savaient déjà que la destination était la France pour le salon de Micronora .

La délégation était composée de quatre personnes toutes spécialistes en micromécanique sauf le chauffeur garde du corps.

Si-Mu prit place à l'arrière. On lui tendit un porte-documents qui contenait les informations relatives au salon. La position du stand *Apis Pollinis Robotix* était cerclée en rouge : pas de perte de temps à chercher parmi les exposants. Elle savait à quoi s'en tenir et elle serait étroitement surveillée.

Le chauffeur prit l'autoroute A1 puis direction Vallorbe pour prendre le N57 jusqu'à Besançon par Pontarlier soit environ 180 km. Il n'y eut pas de conversation et chacun resta dans ses pensées. Bien qu'officiellement chef de la délégation, SI-

Mu avait l'impression d'être prise en otage. Ils devaient rester sur place au moins deux jours et leurs chambres étaient réservées dans le même hôtel étoilé.

John était revenu à Micronora en vue du colloque et s'informa vers les hôtesses des contacts établis. Une personne de la chambre de commerce bisontine désirait le rencontrer dès que possible. Cette personne n'avait pas voulu en dire plus.

Si-Mu et sa délégation arrivèrent en début de l'après-midi et se rendirent au stand suisse pour trouver John qui interloqué de sa présence resta bouche bée devant son charme. Il se ressaisit vite et l'invita dans le petit salon particulier du stand pour des retrouvailles. Pas d'effusion, mais une grande complicité où Si-Mu déclara avoir des révélations à faire :

- John mon ami j'ai été mis au courant par mon ambassade de faits troublants concernant ton entreprise.

Elle lui racontat que l'incendie de son usine était le fait de barbouzes suisses téléguidés par le gouvernement fédéral afin d'orienter John vers la solution du Bunker. Le but était de l'avoir sous contrôle pour obtenir une production de frelons.

- Ma chère Si-Mu j'imagine que tu veux quelque chose en échange de tes informations, car ta réapparition au sein de l'ambassade n'est pas un hasard. Au fait confidence pour confidence tes concitoyens sont bien les auteurs du rapt d'une livraison de frelons ?
- Oui c'est nous, mais sans résultat, car le paquet a explosé dans le laboratoire de Taïwan en faisant un mort. Nous devons avoir le venin made in Delémont. J'espère en toi pour le fournir, mon maintien à Genève en dépend.
- C'est vrai que j'ai un faible pour toi mais je ne dispose pas des doses de venin incapacitant, elles sont fournies par le gouvernement.
- Je t'en supplie trouve une solution.

Elle devenait émouvante et dans un mouvement imprévu elle se pencha vers lui et l'embrassa fougueusement. John en devint écarlate et lui rendit son baiser.

Heureusement que Heïdi n'arrivait que le lendemain. John bouleversé était sans solution. Ils sortirent du salon et se donnèrent rendez-vous au colloque du lendemain.

La délégation prit congé et partit arpenter le salon en quête d'innovations. Ces fins observateurs trouveraient bien des opportunités pour faire un rapport.

John à peine remis de son émotion vit arriver l'homme de la chambre de commerce. Il se présenta : Michel Lacroix.

- Bonjour, je suis en mission officielle pour vous proposer un deal. Voilà, vous n'êtes pas un inconnu pour nous et si vous avez choisi l'exil en Suisse où vous exercez vos talents, c'est que vous avez été victime d'une machination de l'ancien gouvernement. Nous vous proposons de revenir en Franche-Comté dans des locaux adaptés à Thémis.
- Bien, mais qui me financera, ma trésorerie est au bord de l'équilibre et nous avons emprunté aux banques suisses. L'usine appartient à ma femme directrice financière et je ne suis que le directeur.
- Pas seulement mais vous êtes aussi inventeur des drones abeilles. Vous

suscitez les convoitises des puissants qui veulent transformer vos drones en outils de répression. La Suisse et la Chine par exemple qui en font commerce.

- Mon épouse vient demain pour le colloque elle doit vous écouter ensuite nous aviserons.
- Voici ma carte avec mon numéro de téléphone en cas de changement.

John était perplexe devant ce nouveau contexte car il y avait là une occasion de quitter le bunker mais il lui fallait l'avis de Heïdi.

35

Bunker Apis Pollinis Robotix

On prévint Heïdi que deux messieurs étaient à la réception et voulaient lui parler.

La secrétaire les introduisit dans un petit salon et leur proposa deux cafés.

Heïdi était étonnée, car elle recevait peu d'étrangers à l'usine. C'était le domaine de John. Elle questionna :

- Bonjour, messieurs, quel est le but de cette demande d'entretien ?
- Madame, nous savons que votre directeur est en ce moment à Besançon pour le salon de Micronora. C'est pourquoi nous voulons vous voir seule.
- Vous m'intriguez qui êtes vous au juste ?
- Services de sécurité du gouvernement suisse, nous avons une communication confidentielle à vous faire. Il s'agit d'espionnage.
- Nous sommes en contrat avec le gouvernement et tout se passe au mieux

sauf pour ce vol de livraison dont nous ne sommes pour rien. Une enquête a été faite qui nous lave de toute complicité.

- En effet, mais nous craignons que les Chinois qui sont impliqués ne tentent une autre approche.
- Les livraisons se font par drones et on ne peut les intercepter, car sécurisés par le ministère de l'Intérieur.
- Il ne s'agit pas de cela. Une autre approche est déjà en cours, car une délégation est sur place à Micronora et le chef de délégation est une certaine Si-Mu qui avait disparu de son ambassade de Genève et qui est réapparue brusquement.

Au nom de Si-Mu, Heïdi sentit son pouls s'accélérer et revit cette séduisante jeune femme qui allait se retrouver avec John. Allait-il succomber, jusqu'où ?

- Je sais que cette jeune femme était avec lui, lors de son enlèvement au Burkina Faso, elle l'a aidé dans sa fuite.
- Nous savons tout cela et nous avons besoin de votre aide.
- Comment cela ?

- Veillez sur votre mari et évitez-lui une compromission irréparable. Vous êtes citoyenne de la fédération et nous pensons que vous aurez à cœur de préserver les intérêts de votre pays.

Le mot cœur résonnait étrangement, car elle savait que John pouvait glisser facilement sur la pente du cœur surtout en présence d'une jolie Asiatique.

- Écoutez, il est prévu que je rejoigne le salon de Micronora bientôt. Votre avertissement est pris en compte.
- Bonne chance, cette conversation n'a jamais eu lieu ! Vous avez vu seulement des représentants de commerce en microtechnique.

Les deux hommes sortis Heïdi était assez désemparée son John était en danger et de plus pas encore citoyen suisse. Il fallait le préserver.

36

Colloque Micronora Besançon

Heïdi avait pris la route très en souci. John était sûrement innocent du moins pour le moment. Elle n'aborderait pas le problème de front, d'ailleurs elle n'avait pas eu de conversation avec qui que ce soit. Donc c'était un rêve. Si cette Si-Mu était présente, elle veillerait sur John peut-être bien disposé à se laisser séduire. Que voulait cette Chinoise au juste ? Des frelons ? Impossible, tout était contrôlé le nombre à livrer, les doses du liquide incapacitant. Rien n'était laissé au hasard et la livraison par drone très sûre.

Elle arriva presque à l'ouverture du colloque passa au stand où elle retrouva John en compagnie de ses collaborateurs. Il l'entraîna dans le petit salon et lui expliqua qu'une personne de la chambre de commerce serait là avec une proposition :

- J'ai déjà écouté ce monsieur Michel Lacroix et il faut ton avis en tant que financière de notre entreprise.

- Cela est-il aussi important ?
- Oui il propose un local et des crédits pour installer une antenne sur Besançon à Thémis. Il nous rencontrera à l'issue du colloque.
- À voir quand nous aurons plus de détail. Pas d'aventure, nous avons eu notre compte.
- C'est l'heure allons-y !

C'était une petite salle de conférence avec un public, semblait-il, de spécialistes en microtechnique. John ne connaissait personne, mais on le regardait comme une vieille connaissance. Ses aventures africaines avaient été relatées dans la presse dès son retour et certains avaient dû s'amuser.

Le maître de jeu fit les présentations des personnalités invitées et mentionna la présence de John Brown comme un spécialiste des drones abeilles. C'est à ce moment que la délégation chinoise fit son entrée et le meneur de jeu présenta Si-Mu comme chef de la délégation de l'ambassade de Chine à Genève. Elle avait une expérience dans l'usine de drones de Taïwan.

Le public salua par des applaudissements. Ainsi sa rivale était là.
Heïdi était atterrée et jalouse de cette Chinoise en beauté. Il lui fallait serrer John de près.

Un chercheur invité prit la parole : « *Mesdames et Messieurs, je dois vous parler de la miniaturisation des objets électroniques et des possibilités offertes grâce à l'expérience des assemblages automatiques. On peut maintenant trouver sur le marché des drones miniatures capables de voler et de recharger leur batterie à l'énergie solaire. Exemple : les drones abeilles qui assurent la pollinisation, mais aussi des drones offensifs destinés à rendre plus calmes des manifestants. On peut aussi mettre en œuvre des drones explosifs pouvant mettre à mal des fantassins. Plus près de nous des drones facteurs qui assurent le transport des colis à domicile. Dans le même genre des drones photographes mettant en valeur des paysages en se passant des hélicoptères. Des drones sauveteurs arrivant en premier sur les lieux d'un accident avec une trousse de premiers secours et aussi rendant compte de la gravité de l'accident, pour eux pas de bouchons sur les routes ou même les inondations. On peut aussi évoquer des drones terroristes repérant des zones sensibles à saboter.*

Ce marché doit être contrôlé et les entreprises qui fabriquent doivent adhérer à un programme éthique et patriotique. La nation doit étroitement contrôler les productions. Bien sûr dans le monde, des pays sont prêts à vendre sans contrôle de l'utilisateur final ».

À ce moment-là le conférencier regarda ostensiblement en direction de la délégation chinoise et aussi vers John. Aucune gène visible chez ceux-ci. Ils semblaient ne pas avoir compris !

Vint ensuite un conférencier attaché à L'ONU, il voulait parler des problèmes de compréhensions entre les différents acteurs de la politique mondiale : *« Toutes les conférences de niveau international ont besoin de traductions simultanées. L'utilisation de la langue anglaise réduit notablement la traduction mais il reste des populations dont les représentants ne parlent pas cette langue et il faut donc des traducteurs qui coûtent cher. Aussi il serait souhaitable de trouver une autre solution et une idée originale a vu le jour : Mettre au point une perruque qui ferait la traduction dans la langue du porteur. Bien sûr l'aspect serait selon les goûts du porteur : cheveux longs, courts, rasta, à la Trump. Seul défaut, cette merveille n'existe pas encore. Donc messieurs les entrepreneurs mettez-vous au travail. L'ONU offrira une bourse au premier prototype valable ».*

John souriait intérieurement car l'idée lui avait taraudé l'esprit, il y avait quelque temps déjà. Lui le grand voyageur accidentel.

Un ingénieur un peu farfelu évoqua une montre programmable permettant de voyager dans le temps à l'aide d'une combinaison à base de fils de cuivre. Il s'agissait selon lui d'un problème quantique et son expérience récente lui avait permis de faire tout au plus un saut temporel de quelques dizaines de mètres de son garage à sa cuisine.

Des sourires fleurirent dans l'assistance. John, lui, avait retenu que Jules Verne grand visionnaire avait été en avance sur son temps.

L'assistance pouvait poser des questions, s'en suivit un débat monopolisé par des coupeurs de cheveux en quatre qui tuèrent l'ambiance ce qui devint lassant. L'animateur remercia l'assistance et donna congé à tous.

John et Heïdi se levèrent mais ne virent point la délégation chinoise elle avait fui avant la fin.

37

Stand Apis Pollinis Robotix

John et Heïdi sortaient de la salle avec Michel Lacroix qui leur emboîta le pas. Une fois qu'il les eut rejoints il se présenta à Heïdi et demanda si elle voulait bien l'écouter. *« Oui, répondit-elle mais dans le salon de notre stand »*
Michel présenta son projet :

- Voilà nous connaissons votre esprit d'initiative et d'aventure ainsi que vos connaissances en drones miniatures. La chambre de commerce est prête à vous aider pour une implantation à Besançon Thémis. John, Franc-Comtois de naissance a droit à une compensation pour les avatars que lui a fait subir l'ancien gouvernement car il a aidé les écologistes. Heïdi prit la parole :
- Concrètement que proposez-vous ? Lieu, aide financière ?
- Nous proposons une aide start-up sur le site de Thémis. Vous devriez pour

commencer créer une filiale de *Apis Pollinis Robotix* sous une autre dénomination avec un financement participatif qui vous donne droit de regard sur les comptes. L'aide financière est à fond perdu non remboursable, comme on le fait déjà pour d'autres entreprises. Fuyez les actionnaires pour rester maître de la situation. Dans un premier temps faites ce que vous savez faire : les drones abeilles. Ensuite tout est possible selon votre créativité tout sauf le marché de la mort. Laissez de côté les applications militaires. Le gouvernement est écologiste ne l'oubliez pas. Nous tenons à ce qu'un Franc-Comtois retrouve sa place dans les microtechniques. Vous avez un mois pour vous décider.

- Tout ceci paraît alléchant mais nous sommes liés avec la confédération qui nous héberge gratuitement. Comment cela va t-il être apprécié ?
- Vous savez parfaitement que John qui est toujours Français a le droit de lancer une start-up sur Besançon.
- Nous allons consulter nos juristes.

- Très bien je vous laisse. Sachez que vos vitrines sont très appréciées Je vous souhaite bonne chance.

John et Heïdi se retrouvèrent seuls à cogiter dans leur salon. John voyait dans la start-up une tête de pont pour l'avenir et se dégager du bunker mais il fallait l'assentiment de Heïdi. Il se tourna vers elle :

- Heïdi ma chère épouse ton avis sur cette proposition ?
- On peut toujours créer une petite entreprise si les frais sont assurés par les autorités de la région. Mais il faut un contrat en béton pour ne rien rembourser en cas d'échec commercial.
- Je vois là une opportunité de tête de pont pour sortir du carcan de la fédération. On commence petit, on vend et on s'agrandit en laissant péricliter le bunker avec des grèves bien menées. Nous avons un élément sous la main.
- Mon cher John tu es bien machiavélique, je vois que tu adoptes la technique d'autres chefs d'entreprises. Cela peut marcher effectivement.

- Reste à trouver un nom pour cette start-up. Voyons par exemple : *Inovtech, Realtech, Avenirtech,* dans la mesure où ces noms ne sont pas déposés.
- Nous allons laisser mûrir tout cela et reprendre le fil de discussion après le salon dont notre participation est payée je le rappelle, par la Suisse. Quels sont nos contacts à présent.
- La délégation chinoise est intéressée par nos vitrines et déplore que nous n'ayons pas d'échantillons de bourdons et de frelons.
- Je crois que la jeune Si-Mu est plutôt intéressée par toi mon cher John.
- Pas par moi mais par le liquide incapacitant des frelons made in Delémont. J'ai décliné la demande. Je crois qu'elle joue sa place à l'ambassade. N'oublions pas qu'elle nous a aidés pour le commando sur Havai pour être ensuite démasquée par son supérieur et rapatriée à Taïwan dans l'usine de production des drones. Elle m'a révélé que notre chalet avait été incendié par les barbouzes du gouvernement fédéral

pour nous faire tomber dans leurs filets en l'occurrence le bunker mis à disposition contre la fabrication de frelons. Que penses-tu de cela ?

- C'est en effet plus compliqué qu'un simple jeu de séduction. Je ne vois pas ce que nous pouvons faire pour aider cette jeune Si-mu ?
- Lui fournir indirectement le liquide incapacitant que nous avons élaboré pour nos frelons clandestins. Personne ne pourra identifier le subterfuge. C'est bien du made in Delémont. Le problème est comment mettre dans les mains de Si-Mu le précieux liquide que nous n'avons pas sous la main à Micronora.
- Lui fixer un rendez-vous en Suisse dans un lieu de notre choix.
- Attention elle est surement pistée par les services secrets suisses ! Mais peut-être aussi en France par les deux camps.
- Alors fixe-lui un rendez-vous galant à Besançon.

Venant de Heïdi la proposition était surprenante. Elle le jetait dans les bras de la Chinoise ! John en était bouleversé et son trouble en disait long sur l'attrait qu'elle avait exercé sur lui. Mais il eut une autre idée.

- Pas de rendez-vous galant. Notre service communication est venu avec du miel et des bonbons pour illustrer le fait que les drones pollinisent mais ne font pas de miel. Donc cette ressource doit être préservée en luttant contre les pesticides et donc en offrants ce que nous risquons de perdre nous voulons marquer les esprits. Ma chère Heïdi tu dois rentrer à Delémont et faire préparer de faux bonbons au miel dans une boite de belle présentation et je l'offrirai à Si-Mu en la mettant en garde : *« surtout ne pas sucer »* sinon c'est le coma immédiat.
- Très astucieux ainsi pas de rendez-vous galant !

Elle se voyait rassurée. Son John n'allait pas succomber mais il fallait faire vite et elle retint un avion à la Vèze. Elle même apicultrice la fabrication des bonbons n'était pas un secret pour elle. Elle partit immédiatement avec un au revoir enchanté.

38

Chalet familial de Heïdi
Delémont

Depuis son retour précipité de Besançon par la Vèze Heïdi s'était procuré le liquide incapacitant fabriqué par ses amis apiculteurs. Ceux-ci avaient une petite réserve au cas où il aurait fallu équiper des frelons pour un raid sur les hommes de *Mafianto*.

Introduire le liquide dans des bonbons au miel s'était révélé ardu bien qu'une cavité étanche ait été prévue pour cela. Finalement elle avait choisi des chocolats à la liqueur vidés de l'alcool, et rempli la cavité avec une seringue la valeur d'une dose pour reboucher ensuite le chocolat au fer à souder tiède. Le tout fut mis dans une boite neutre mais joliment décorée. Le cadeau était prêt, restait à le convoyer jusqu'a Micronora.

Elle commanda un avion de tourisme et s'envola pour la Vèze où un taxi l'attendait.

39

Salon Micronora Besançon

Si-Mu était dans le salon *d'Apis Pollinis Robotix* en compagnie de John qui avait été avisé du départ de Heïdi pour la Vèze. Il lui disait de patienter car un cadeau allait arriver pour elle. Il ne voulait rien dévoiler de plus. Elle aurait une surprise.

Dépitée elle le suppliait encore de lui venir en aide sinon elle serait rétrogradée de son poste à l'ambassade. Elle ne se jeta pas sur lui comme la dernière fois, résignée sur son sort. Ému par sa détresse, il lui prit la main et lui expliqua qu'elle allait avoir au moins une dose de produit incapacitant qu'elle pourrait produire devant son chef. Celle-ci serait dissimulée dans une friandise à croquer de fabrication suisse.

Donc un cadeau d'entreprise comme il est coutume d'en faire. Pour passer le temps il l'interrogea sur son passage au CLA de Besançon.

- Si-Mu peux-tu me renseigner sur des étudiants brillants que tu aurais pu côtoyer.

- Dans quel but ?
- Je cherche des experts en linguistique pour un projet de grande envergure. Par exemple des natifs des pays orientaux ou d'Asie. Il s'agit de traductions.

Ils furent interrompus par l'arrivée de Heïdi et John ne put retirer sa main à temps.

La boite de chocolats fut déposée sur la table par Heïdi *« Voici un cadeau pour Si-Mu dit-elle. John et moi-même ne voulons pas que vous soyez en difficulté avec votre pays. Cette boite contient douze chocolats liqueurs avec le liquide incapacitant made in Delémont. Attention danger, ne pas croquer sinon c'est le coma ou même la mort assurée. Ne laissez pas trainer cette boite vers les gourmands. »*

Si-Mu se leva, les larmes aux yeux, elle embrassa Heïdi qui en fut toute chamboulée.

La délégation chinoise partait pour Genève le lendemain et Si-Mu fit ses adieux au couple. Avant de partir elle ajouta : « Je serai toujours là pour vous rendre service contre *Mafianto*. »

40

Ambassade de Chine à Genève.

Le retour s'était fait sans anicroches. Sûrement que la plaque diplomatique avait découragé une interception dans les forêts du Haut Doubs.

Le secrétaire d'ambassade reçut Si-mu dans son bureau et lui demanda de rendre compte de sa mission.

- J'ai pris contact avec John Brown surpris et ravi de me voir. J'ai pu obtenir douze échantillons de doses létales pour les frelons. C'est du made in Delémont. Si vous voulez voir ? C'est dans une boîte.

Elle sortit la boîte de son sac à main et la posa sur le bureau du secrétaire. Celui-ci ouvrit et visiblement ne comprenait pas en voyant les chocolats.

- Vous me ramenez du chocolat en Suisse. Vous l'avez acheté à la frontière ?
- Pas du tout et surtout ne gouttez pas, c'est la mort assurée.

- Comment avez-vous obtenu ce résultat ? Vous avez séduit John Brown ?
- C'est mon secret contentez-vous du résultat.
- Très bien rentrez dans votre appartement et reposez-vous pour une prochaine mission.
- Bien monsieur, n'oubliez pas : ne pas consommer, à ranger à l'abri des gourmands.
- Votre voiture est au garage un employé l'a ramenée pour poser un traceur GPS. Nous pourrons vous suivre dans vos déplacements. De plus on vous propose de vous injecter sous la peau une puce balise au cas où on chercherait à vous enlever.
- J'accepte. Je vois que je vais être étroitement surveillée.
- C'est pour votre sécurité ma belle. Passez à l'infirmerie et à bientôt.

A l'infirmerie on fit asseoir Si-Mu qui vit s'approcher un infirmier qui avait dû faire ses classes dans l'armée du peuple et même soigner pendant la guerre de Corée, car il avait une mine patibulaire. Peut-être bien qu'il était aussi du service de sécurité de l’ambassade. Elle n’en menait pas large, mais il se contenta de mettre à nu son épaule droite et d’appliquer un pistolet qui injecta sous pression une gélule balise sous sa peau. Ne restait qu’un minuscule petit trou qui ne saigna même pas.

Le secrétaire une fois seul se demanda s’il n’avait pas été berné, il appela son chien qui était dans la pièce à côté et lui offrit un chocolat qui fut aussitôt croqué.

L’animal succomba après quelques violents spasmes. Le produit était efficace. Ce n’était donc pas un canular ! Il devrait racheter un chien. De toute façon en Chine c’était de la viande de boucherie.

41

Bunker de Delémont.

Heïdi, John et le comptable discutaient de l'opportunité d'une antenne start-up à Besançon. Le comptable semblait réticent, mais ne pouvait nier l'intérêt d'un financement par la région de Franche-Comté.

Selon lui seul John pouvait s'engager, comme Français et il pourrait tenter de diversifier son activité. Au risque de passer pour un farfelu John développa une idée.

Je vais chercher dans la direction du projet ONU. C'est-à-dire la traduction simultanée dans la langue du porteur de perruque. Je crois que Si-Mu peut m'aider à trouver des experts en linguistique, elle a fait des études au CLA de Besançon. Quand j'aurai défini les grandes lignes, je vais déposer un brevet en France.

- Encore cette Si-Mu s'exclama Heïdi décidément elle te plait cette petite.
- Elle est surtout très intelligente. Je veux utiliser ses compétences.

John se tourna vers le comptable et lui demanda comment se sortir de l'emprise du gouvernement fédéral.

- Si vous ne produisez plus de frelons, ils vous ficheront dehors en vous coupant les sources d'énergie sauf cas de force majeure.
- Par exemple ?
- Grèves à répétition donc production ralentie en dents de scie.
- Le syndicat UNIA n'est pas implanté.
- À vous d'y remédier.
- Notre chiffre d'affaires va dégringoler et la rentabilité aussi. C'est la porte ouverte à un rachat.
- Dans ce cas, développez votre start-up et rachetez *Apis Pollinis Robotix* pour une bouchée de pain.
- J'ai un atout dans ma manche en la personne de Paul Pardon syndiqué à l'UNIA. Il a déjà eu une promotion et je crois que je peux faire un deal avec lui. Il faut qu'il fasse adhérer un maximum de personnel ce qui est tout à fait légal. Après je pourrai négocier des élections de délégués du personnel. Ensuite je jouerai l'inertie sur les revendications et la centrale

syndicale interviendra pour faire cesser le blocage. Le conflit se mettra en place.

- Voilà un plan bien machiavélique. Vous avez compris la règle du jeu, il ne restera plus qu'à jouer le Bernard Tapir.
- Je vais convoquer Paul Pardon pour un entretien. La réunion est terminée.

Quelques instants plus tard, John retrouvait Paul Pardon dans le bureau du personnel.

- Paul, vous permettez que je vous appelle Paul, je vous félicite pour votre aide au salon de Micronora vous avez su réparer les systèmes de sécurité des vitrines. Nous allons vous confier un poste de maintenance sur les machines automatiques à assembler les drones frelons. Le chef du personnel va vous présenter un projet lié à votre position de syndiqué. Celui-ci prit la parole.
- Nous avons évité de justesse un conflit dur sur les conditions de travail, mais nous n'avons pas eu d'interlocuteur pour dialoguer. Nous pensons que nous devrions avoir des

délégués du personnel afin d'éviter des mouvements anarchiques. Encore faut-il avoir des syndiqués et pour l'heure vous semblez être le seul chez nous.

- Vous attendez quoi de moi ?
- Mettez en place une structure de dialogue. Ici nous sommes en Suisse à l'abri des influences gauchistes. Donc c'est possible.
- En somme vous voulez pacifier les relations direction-personnel.
- C'est exactement ce que nous voulons.
- Je vais voir ce que je peux faire.
- Vous pouvez disposer.

42

Genève, parking de Si-Mu.

Si-Mu venait de se garer devant son immeuble comme devait le confirmer par la suite l'examen GPS de ses déplacements. Elle mit un pied sur le goudron et une nuée noire l'enveloppa. Le manteau de son agresseur lui couvrait la tête, elle sentit une forte odeur de tabac et ensuite l'odeur du chloroforme. Elle perdit conscience. Elle fut chargée dans une camionnette qui partit silencieusement. Pas de chance, pas de caméra de surveillance. C'était un quartier tranquille.

Quelque part dans un chalet de montagne, Si-Mu gisait la bouche pâteuse dans un réduit sans lumière. Elle chercha vainement son portable. On lui avait fait les poches. Les murs semblaient faits de rondins assemblés avec une solide porte verrouillée de l'extérieur. Pas d'alerte directe possible pour l'ambassade, mais elle avait sous la peau la gélule de localisation, il suffisait qu'elle soit proche de son téléphone.

Que lui voulaient ses ravisseurs ? Pas sa vertu elle était intacte. Attendre tel était son lot.

Elle, fille de paysans pauvres du Sichuan avait été élevée à la dure en aidant ses parents depuis son plus jeune âge, à la pollinisation des fleurs de pommiers en grimpant dans les arbres.

Ensuite le concours d'excellence de l'école où son intelligence vive avait été remarquée. Elle fut propulsée vers des études supérieures et enfin envoyée en formation de langues au CLA de Besançon, réservé aux élites du régime. Ensuite, elle avait fait un stage dans l'usine de drones du Burkina Faso où elle avait connu le séduisant John.

Puis, un poste sur concours pour une ambassade. Le tirage au sort l'avait envoyée à Genève où elle avait commis un faux-pas en renseignant John sur une livraison dans île de Hawai pour *Mafiento*. Sanctionnée en production sur l'île de Taïwan on lui avait donné une chance pour une mission à Genève, car elle connaissait bien John. Elle venait de réussir cette mission.

Elle sentit qu'on venait et la porte s'ouvrit, elle donnait dehors. Il faisait nuit noire. Rien qu'elle reconnaisse dans le paysage. On lui entrava les mains, deux hommes en noir, cagoulés, la poussèrent vers un chalet distant d'une vingtaine de mètres. Elle avait bien été séquestrée dans un grenier d'alpage. Là en pleine lumière devant une table se tenait un homme aussi en noir et cagoulé. Elle reconnut son portable sur la table. Il lui adressa la parole.

- Mademoiselle, vous êtes une espionne téléguidée par l'ambassade de Chine. Nous n'avons pas l'intention de vous maltraiter, mais dites quel était le but de votre mission en vous rendant à Micronora. Nous sommes intrigués.
- Je ne répondrai pas à des hommes cagoulés. J'ai un statut diplomatique en tant qu'attachée commerciale. Qui êtes-vous pour oser m'enlever devant mon domicile ?
- Nous sommes des services secrets de la Confédération suisse. Vous nous intriguez beaucoup. Vos liens avec John Brown sont sentimentaux, semble-t-il. L'aide qu'a reçu la Chine en commandant des drones abeilles sans électronique, l'attaque

du fourgon de livraison de frelons tout cela est trouble. Quel est votre rôle ?

- No comments !
- J'insiste, mademoiselle. Nous pouvons vous mettre au pain sec et à l'eau pour une durée indéterminée. Vous craquerez !
- Une Chinoise comme moi a été habituée aux privations. Relâchez-moi. Par contre moi je sais que vous avez incendié le chalet usine d' *Apis Pollinis Robotix* . Avouez, mais moi je ne peux vous soumettre à la torture au pain sec et eau. John est au courant de vos manigances !
- Petite peste. Quel est votre rôle ?
- No comments !
- Reconduisez là dans sa cabane on verra bien combien de jours elle tiendra !

Surprise ! Le téléphone sonna sur la table, la puce portée par Si-Mu venait d'activer le téléphone qui se connecta immédiatement sur le système GSM du chalet qui était maintenant localisé. Ce téléphone était un modèle particulier que les hommes en noir

n'avaient jamais tenu en main et ils paniquèrent. La technologie chinoise allait prouver son efficacité.
Il était temps de quitter les lieux avant qu'une équipe de récupération arrive.

- Mettez la donzelle avec un sac sur la tête, dans la fourgonnette, nous nous occuperons d'elle plus tard. Quelques minutes après, ils fonçaient plus loin dans la montagne.

À l'ambassade de Chine, le service de sécurité repéra immédiatement une anomalie et réussit à localiser l'appareil. C'était dans les montagnes pas loin du col de la Faucille. Une équipe de secours se mit en route.

L'équipe fouilla le chalet, trouva le téléphone éclaté sur le sol, mais pas Si-Mu dans le grenier à grain. Il leur fallait localiser d'urgence la puce implantée, avant que celle-ci soit découverte et peut-être extraite.

43

Quelle que part dans la montagne.

Dans la précipitation, Si-Mu avait été jetée sans douceur sur le plancher de la camionnette. Aveuglée par un sac de toile les poignets liés, elle s'attendait à subir les pires sévices à l'arrivée. Ses ravisseurs appliquaient le plan « B », ils avaient un second chalet disponible sur l'alpage. Cette fois elle se retrouva au frais dans une cave. Murs en pierre, porte solide elle allait avoir le temps de réfléchir. Il y avait un minuscule soupirail et elle vit le jour se lever. Les barbouzes chinois allaient-ils trouver sa trace ?

De nouveau on vint la chercher. Elle sentit des mains la prendre sous les bras et la forcer à marcher. Elle buta contre des racines et franchit le seuil du chalet. Une fois à l'intérieur, on lui enleva le sac sur la tête. Encore trois hommes cagoulés la regardaient fixement. On l'assit sur une chaise et on lui défit les liens des poignets pour lui attacher les bras en arrière du dossier de la chaise. Elle respira profondément, fixa ses ravisseurs et attendit la question qui allait venir. Elle allait essayer de gagner du temps. En fait l'homme faisait un constat.

- Votre ambassade essaie de vous suivre à la trace c'est peine perdue. Tout au plus ils trouveront votre cadavre dans le lit d'un torrent. Peut-être allez-vous nous éclairer sur votre mission à Besançon. Si vous coopérez nous vous relâcherons.
- C'est simple, ancienne étudiante du CLA, je voulais revoir mes connaissances d'alors.
- Seulement cela ? Vous convoyez un paquet que contenait-il ?
- Rien de spécial si ce n'est une gâterie pour le secrétariat de l'ambassade.
- Mais encore ?
- C'était douze chocolats dans une boîte. Une spécialité bisontine. Vous connaissez le *« Criollo »* ?
- Vous plaisantez ?
- Je risque ma vie ! Croyez-moi.
- Nous allons admettre cette fable pour l'instant et vous relâcher discrètement. Nous ne sommes pas des as-

sassins. Nous veillons à la sécurité de notre pays, car vos compatriotes n'ont guère de scrupules pour tenter de s'approprier les nouvelles technologies.

- Avant de vous relâcher, nous allons vous faire un petit prélèvement et récupérer une capsule qui a failli nous faire coincer par votre équipe de secours. Voici vos papiers.

Un des hommes en noir s'approcha avec un appareil de détection magnétique et inspecta le corps de Si-Mu. Un voyant se mit à clignoter au niveau de l'épaule droite et émit un signal aigu au creux de la clavicule. C'était l'endroit du prélèvement. On lui dénuda l'épaule pour voir un trou minuscule cicatrisé qui pouvait ressembler à un accident de peau. Un autre s'approcha avec un scalpel et une seringue. Une petite injection insensibilisa l'endroit et un coup de scalpel fit émerger un corps étranger de la taille d'une gélule. Une touche d'antiseptique, un pansement collant et le tour était joué.

Si-Mu n'avait même pas levé un sourcil et restait de marbre. Celui qui semblait le chef conclut l'affaire :

- Voilà nous allons vous conduire vers la gare la plus proche. Vous avez de l'argent sur vous. Prenez le train qui vous convient.

Détachez là et bandez-lui les yeux. Dites-vous chère demoiselle que nous vous avons à l'œil même avec votre passeport diplomatique. Bon voyage.

- Je dirai ne pas avoir été maltraité.

Ainsi fut dit, fut fait, elle se retrouva en gare de Vallorbe et prit le train pour Genève. Assise sur sa banquette, elle réfléchissait à sa condition d'employée de l'ambassade de Chine et se demandait bien quelle tâche allait lui être confiée. Comment les barbouzes savaient-ils qu'elle avait apporté un cadeau de Micronora ? Où était la taupe ?

Elle sentait une démangeaison au creux de la clavicule et elle devrait se faire examiner la plaie au plus tôt par l'infirmière de l'ambassade dès qu'elle serait rentrée. Allait-on lui remettre une puce traceuse ?

44

Site Thémis Besançon.

Flanqué de son comptable John s'apprêtait à se lancer dans l'aventure de sa future *Start-up*, dont il avait choisi la dénomination. C'était *Inovtech*. Son projet, développer des drones renifleurs de pesticides. Continuer avec une petite production de drones abeilles, car il avait eu une surprise !

Des personnes bien avisées avaient soustrait du naufrage de son ancienne usine quelques machines de production avant de jeter le reste à la ferraille sur injonction du liquidateur.

Cela suite à la disparition de John et la mort tragique du directeur. John croyait que les Chinois avaient tout récupéré pour leur usine du Burkina Faso. Enlevé, et prisonnier là-bas il avait dépanné les machines sous la contrainte. De l'histoire ancienne.

Il avait en tête le challenge de l'ONU : inventer et produire des perruques traductrices.

Il lui faudrait pour cela embaucher des jeunes linguistes issues du CLA de Besançon et il comptait sur Si-Mu pour lui indiquer des éléments valables.

Pour l'instant il fallait remettre en service les quelques machines qui avaient échappé aux ferrailleurs. Le gouvernement d'alors qui poursuivait en justice les écologistes avait vécu comme une aubaine la disparition de John et le décès du PDG sur son lieu de travail. Cela avait déclenché la mise en liquidation de l'entreprise, le personnel avait été licencié et le matériel vendu à l'encan. Un ferrailleur providentiel, homme de paille des Chinois s'était présenté et avait payé à vil prix les machines qui étaient parties au Burkina Faso.

Les Chinois avaient donc récupéré l'exclusivité de la production des drones abeilles et des frelons dont la formule du liquide incapacitant avait été détruite par un chimiste au dernier moment. Dans la confusion, des écologistes, futurs membres du gouvernement, avaient subtilisé un certain nombre de machines pour les mettre à l'abri en attendant le retour éventuel de John. L'homme providentiel était de retour !

45

Usine Bunker de Delémont.

Paul Pardon avait fait un bon travail de persuasion et le quart du personnel avait pris sa carte au syndicat UNIA. Ce dernier avait demandé des élections de délégués et désigna Paul comme représentant syndical.

Bien sûr la raison d'être d'un syndicat est de déposer des revendications et la raison d'être d'un entrepreneur est de les refuser pour raisons économiques. C'était une entreprise à caractère familial, c'est-à-dire paternaliste, dont le credo est :
« Faites-moi confiance et tout ira bien ». Pas d'actionnaires qui tirent du profit en dormant, donc, cela aurait pu acter dans le consensus. Seulement le but de John était *« de couler la boite »* tout en donnant l'impression de la sauver.

Tout d'abord le transfert de technologie. On envoya un technicien à Thémis pour aider au démarrage des machines sauvées du naufrage. Il emporta avec lui des dossiers essentiels et les laissa sur place. Plus tard on en eut besoin au bunker, mais ils étaient ailleurs. Ensuite du matériel de dépannage électronique haut de gamme fut livré avec le technicien compétent. Ce dernier avait charge de former un dépanneur ce qu'il fit, mais il laissa le matériel dans l'atelier pour que l'élève se perfectionne.

Au bunker on chercha le matériel en vain ce qui occasionna un retard de production. Il fallut recommander ce matériel fort couteux. Des éléments de machine furent prélevés dans des stocks parcimonieux et non rendus. Ceci engendra un nouveau retard de production, car il fallut fabriquer en urgence les pièces manquantes. Des factures d'ateliers externes pour les pièces manquantes durent être honorées.

Le personnel était mécontent, car on lui demandait d'effectuer des heures de rattrapage pour combler les manques de production ; les pauses détente sur la pelouse s'écourtaient, de plus on arrivait dans la mauvaise saison. Bref le bunker sans ouvertures sur le jour pesait de plus en plus. Les deux délégués demandèrent un solarium pour la pose. Il fut répondu qu'on allait étudier la question.

Enfin un jour on ne put honorer la livraison hebdomadaire de frelons. Le drone facteur rentra à vide. John était à Thémis et le responsable de la livraison manquée s'embrouilla dans ses explications si bien que les services du ministère de l'Intérieur prirent mal la chose. John dut accorder un rendez-vous.

Le jour *« J »* des responsables en profitèrent pour visiter les ateliers dédiés aux frelons avant de discuter. Ils avaient aussi un autre sujet d'inquiétude : la présence de délégués du personnel. Un seul dans l'atelier *« Frelon »*. Ils se retrouvèrent dans le bureau de John :

- Monsieur Brown vous avez manqué une livraison vous allez vous rattraper, je crois.
- Oui c'est certain, mais nous avons eu une panne de machine qui a duré.
- Nous vous avons aidé et financé pour ces machines. Il fallait prendre dans votre parc dédié aux drones abeilles.
- C'est possible, mais j'étais absent.
- Vous deviez avoir un adjoint pour ce genre de *« pépin »*
- Je vais y pourvoir incessamment.

- Au fait vous avez créé une autre entité de production en Franche-Comté ?
- C'est de la recherche expérimentale à la demande d'élus pour créer une start-up typique du savoir-faire Franc-Comtois. De plus les autorités me doivent un dédommagement au titre de discrimination à mon égard par l'ancien gouvernement.
- Vous allez raréfier la main d'œuvre transfrontalière si vous désirez les plus qualifiés.
- Je ne fabrique que des prototypes brevetés, je ne produis rien. Je ne veux pas me concurrencer ! À mon tour de vous questionner : pouvez-vous envisager un autre site que ce bunker pour ma production ?
- Nous n'avons rien d'autre à vous proposer. D'ailleurs c'est vous qui avez demandé ce bunker.
- Je ne pensais pas avoir une grève un jour pour manque de lumière naturelle. Ici les horlogers ont toujours travaillé *« à la fenêtre »* c'est une sorte d'atavisme qui ressort, je crois.
- Bien, dernière suggestion : pouvez-vous retirer le délègue syndical de

l'atelier *« frelon »* c'est une production *« secret défense »*.

- C'est risqué, car source de conflit.
- A vous de juger !

Les envoyés du ministère prirent congé.

John devait nommer son adjoint pour prendre les décisions urgentes en son absence. Par contre déplacer le délégué élu de son poste de l'atelier *« frelon »* allait créer une tension qui l'arrangeait.

Heïdi responsable financière était inquiète de la tournure que prenaient les relations entre les deux entités Thémis et Delémont. Thémis devait vivre sur ses fonds propres pour s'équiper convenablement selon elle. Une discussion informelle eut lieu avec John sur l'oreiller :

- Mon cher John je crois qu'il ne faut pas trop pousser à la déconfiture de l'unité de production Suisse. J'ai mes avoirs qui sont engagés dans cette affaire. Tu es certes compétent dans la partie technique mais ne joue pas trop au machiavel dans la gestion.
- Je vais embaucher un adjoint suisse, qui me remplacera quand je serai à Thémis. Il aura une meilleure vision des embûches éventuelles.

Ils se firent un câlin et dormirent apaisés.

Le lendemain John se mit en quête d'un cerveau apte à diriger pendant ses absences. Il définit le profil idéal en cherchant dans les nouveaux diplômés des universités suisses. Il trouva un parfait technocrate hanté par la rentabilité, mais qui n'aurait pas d'actionnaires à contenter. Leur première rencontre se résuma ainsi :

- Vous sortez d'une école prestigieuse, mais avez-vous une idée d'une production de masse ?
- Non, mais je vais apprendre. Je connais les techniques de management pour motiver les intervenants de production.
- Savez-vous que quand les salaires sont bloqués la motivation doit être ailleurs.
- Oui la peur de perdre son emploi. Introduire la compétition entre les individus en fixant des objectifs à la limite de la faisabilité. Toujours mettre en porte à faux les concernés.
- Vous aurez à composer avec des délégués du personnel. Il y en a deux dans l'entreprise.

- On peut leur faire miroiter une promotion ou leur donner un poste moins pénible. Donnant, donnant, pour la paix sociale.
- Saurez-vous maîtriser les coûts de production ?
- Oui en contrôlant les phases de travail et de repos à l'aide du chronométrage. Les primes seront accessibles aux plus agiles.
- Écoutez, votre profil m'intéresse je vous prends à l'essai pour six mois au tarif minimum ensuite si vous faites vos preuves vous aurez un contrat à durée indéterminée avec augmentations de salaire. Il peut y avoir un intéressement selon le bilan de fin d'année.

John se dit avoir déniché la perle rare pour un tel poste. Jamais son entreprise n'avait été gouvernée aussi durement. Il y aurait du grabuge un jour ou l'autre.

Ici la qualification du personnel était telle que chacun savait ce qu'il avait à faire sans contrainte. C'était un peu comme une famille dans la tradition horlogère.

John pourrait consacrer son temps à Thémis pour des idées farfelues.

46

Ambassade chinoise de Genève.

Si-Mu attendait dans l'anti chambre du secrétaire. Elle devait savoir comment son avenir allait être dirigé.

Le secrétaire l'accueillit avec le sourire et lui dit que Taïwan était satisfait des échantillons, mais désolé de n'avoir pu consommer le chocolat. Il la félicita pour son excellent travail, puis il entreprit de commenter les derniers évènements :

- Ma chère Si-Mu vous avez échappé à des contraintes physiques, car ils voulaient vous conserver en bon état pour vous surveiller de près. Nous allons vous offrir un rôle plus neutre, en fait, votre fonction d'attachée commerciale. Ne vous approchez pas trop de ce John, car il travaille pour le gouvernement il est surveillé lui aussi.

Nous savons qu'il se réimplante côté France à Thémis dans une société *Inovtech,* financée par les instances régionales suite à son passage à Micronora.

- Fort bien, mais je dois vous dire que lors de mon rapt les ravisseurs étaient informés de la livraison de mon paquet cadeau. J'ai avoué qu'il s'agissait de chocolat *« Criollo »*. Ils ont fait semblant de me croire. Cependant comment ont-ils su ? ,Ya t-il une taupe dans l'ambassade ?
- Nous allons mettre le service de sécurité sur le problème. Peut-être une fuite à Micronora quand vous avez rencontré John et son épouse ?
- Le monde des espions est plein de surprises, je crois.
- Pensons maintenant à votre sécurité. Vous n'aurez pas de nouvelle puce. Nous allons vous donner un autre téléphone qui doit rester en veille constamment pour que nous puissions vous suivre partout.
- Et où dois-je aller ?
- Allez à Themis sans approcher John et essayez de savoir sur quoi il travaille en dehors de ses drones pollinisateurs. Trouvez pour lui des collaborateurs ou collaboratrices qui seront vos yeux et vos oreilles. Voyez avec vos compatriotes du CLA.

47

Pôle Thémis Besançon,

John phosphorait sur son projet de perruques traductrices. Il butait sur l'aspect. Que présenterait-il aux chauves ? Un chapeau, un turban ? Il laissa de côté ce qu'il considérait comme secondaire. La priorité était la traduction simultanée.

En effet, des composants électroniques miniaturisés soudés sur des circuits souples pouvaient épouser la forme interne de la perruque. Les cheveux étaient en fait des capteurs solaires fournisseurs d'énergie.

Restait l'apprentissage du module traducteur qui devait être éduqué par la voix humaine captée par de minuscules micros disposés frontalement. Le son traduit, transformé passait par la voie osseuse du crâne et seulement audible du sujet. Il manquait des linguistes expérimentés pour parachever le concept.

C'est là que Si-Mu devait faire preuve de son savoir-faire pour proposer des intervenants. Un laboratoire linguistique devait se mettre en place. Elle s'inscrivit une seconde fois au CLA en stage de perfectionnement sans prévenir John.

Elle laissa au parking sa voiture immatriculée en Suisse prit un taxi jusqu'à Pontarlier, loua une voiture immatriculée dans le Doubs et loua pour un an une vaste maison à Châtillon le Duc dans la couronne de Besançon. Elle se fit passer pour la fille d'un industriel fortuné de Hong Kong et l'agence de location reçut un virement bancaire de Suisse pour l'année.

L'ambassade chinoise de Genève couvrait l'opération avec des fonds spéciaux.

Le consulat chinois de Besançon devait fournir le numéraire sans poser de questions. C'était sa banque pour les dépenses courantes.

Elle se mit en quête de cerveaux de préférence chinois en vue d'organiser des *« brainstormings »* pour éditer un dictionnaire Franco-Chinois. Tous seraient rétribués au *« black »* en vrais billets d'Euros.

Elle réunirait chez elle des colloques sous couvert de stages de peinture sur papier de riz et louerait un minibus pour transporter ses stagiaires. Le recrutement commença et elle envoya un courrier pour proposer ses services à *Inovtech.* Elle signa en caractères chinois.

John qui passait la plupart de son temps à Thémis fut étonné de la proposition. Qui était assez malin pour lui proposer un service providentiel ? Une société dont le siège était à Hong Kong, cela sentait les services secrets chinois. Il pensa de suite à la petite Si-Mu. On lui donnait un numéro de portable satellitaire pour prendre contact.

Le cœur battant il composa le numéro et tomba sur un standard à l'accent franc-comtois. Déçu, on lui dit qu'il serait rappelé dès que possible pour un rendez-vous.

Rendez-vous fixé, une Chinoise d'âge mur inconnue de John se présenta au nom de sa société *« Fleur de printemps ».*Il fut déçu de ne pas voir Si-Mu, mais intéressé tout de même. La dame parlait parfaitement le français et se disait experte en traduction simultanée. Les prestations de *« Fleur de Printemps »* étaient payantes après livraison et acceptation d'un devis. Dans un premier temps il y aurait un dictionnaire Franco-Chinois enregistré sur clé USB verrouillée avec mot de passe. Le client faisait ce qu'il voulait du produit. Ensuite on pourrait avoir un dictionnaire Franco-Arabe selon le même principe. Bref toutes les langues de la terre étaient possibles, mais uniquement pour les pays représentés à l'ONU.

Bref, la société *« Fleur de printemps »* semblait disposer d'un énorme potentiel intellectuel.

Le plus difficile restait à inventer ou trouver le logiciel qui ferait ce qu'un cerveau humain faisait lorsqu'il fallait traduire en simultané. Un investissement conséquent.

John se déclara intéressé, mais il ne signerait de contrat qu'en présence du PDG de *« Fleur de Printemps »*.

La dame chinoise eut un petit sourire ironique s'inclina et prit congé. On le rappellerait promis.

En attendant il lui fallait avancer dans la recherche d'un processeur compatible pour la traduction. Depuis que la station internationale avait été désertée dans les années 2020 pour insuffisance de crédits, il restait du matériel inutilisé neuf ou d'occasion à vendre sur EBay. Une multitude de processeurs et composants électroniques étaient disponibles notamment ceux dédiés aux communications.

48

Bunker Apis Pollinis Robotix.
Delémont.

Heïdi tentait de s'accommoder de la présence du remplaçant de John.

Ce Suisse de bonne famille ; Etienne Mussli essayait de comprendre comment fonctionnait l'organisation informelle de la production. Chacun avait sa tâche et ses objectifs.

Les contremaîtres facilitaient les tâches qui pouvaient poser un problème temporaire. La fabrication des drones *« abeilles »* bien rodée consistait à remplacer les unités au stade de l'usure et récupérer ce qui pouvait l'être sur des essaims en retour d'opérations sur le terrain. Ces petites bêtes étaient assez fragiles. Si besoin on en fabriquait d'autres pour avoir un stock disponible en magasin. Continuer de polliniser partout où cela était nécessaire.

Pour les drones *« frelons »* qui étaient facturés au gouvernement fédéral, pas de récupération, car ils étaient consommés lors de la répression des manifestants. En général ils finissaient écrasés sur la chaussée après avoir dispensé leur venin incapacitant. On ne pouvait rien tirer des débris, le sol étant lavé par les pompiers, tout finissait dans les bouches d'égouts. Dans cet atelier travaillait le délégué du personnel élu. Le directeur par intérim Etienne Mussli, décida de le muter.

- Monsieur, vous allez remplacer une personne malade à la gestion du magasin des drones *« abeilles »*. C'est un poste à responsabilité.
- Je vais être cloué au comptoir. C'est une entrave à ma fonction de délégué. Je vais avertir le siège du syndicat UNIA.
- Votre salaire sera revalorisé par rapport à votre poste en production. Si vous refusez, c'est une cause de licenciement.
- Mon statut est protégé, il vous faut l'autorisation du ministère du Travail.

Le soir même Etienne Mussli informait un correspondant du ministère de l'Intérieur de son action. Il venait de faire un premier faux pas.

49

Résidence de Si-Mu Genève.

Si-Mu venait de rejoindre son appartement de Genève et s'apprêtait à rendre compte au secrétaire de l'ambassade.

Son plan d'approche d'*Inovtech* semblait avoir réussi. Comme à l'aller elle avait pris un taxi depuis Pontarlier après avoir rendu la voiture de location. Elle patientait devant le bureau du secrétaire. Il lui dit d'entrer.

- Bonjour Si-Mu. Nous vous avons suivie et vous n'avez pas vu John. Bien ! A-t-il mordu à l'hameçon ?
- Oui il est en passe de signer un contrat avec *« Fleur de Printemps »*, mais il veut signer avec moi. Je crois qu'il se doute que je suis la directrice. Il cherche des traductrices pour un projet qui concerne l'ONU, dont le challenge a été annoncé à Micronora.
- Signez le contrat et essayez de savoir l'état de ses recherches. Voyez s'il continue avec les drones *« abeilles »*

et avec quel équipement. Allez jusqu'à la séduction, si cela vous fait plaisir.

- Bien. Être une espionne n'est pas de tout repos. Merci quand même.
- Au fait, pour la taupe nous avons trouvé une caméra WI-FI bien cachée dans ce bureau. Le risque n'existe plus et l'auteur non plus.
- Je dois ouvrir un compte en France pour me faire payer, pouvez-vous charger le consulat des formalités. La société fictive étant à Hong-Kong.
- Oui, sans soucis et bon retour à Besançon.

Elle remit son départ au lendemain et regagna son appartement. Il avait été fouillé, mais sans succès. Les barbouzes suisses ne lâchaient pas. Allaient-ils passer le relais à leurs collègues côté France ?

Elle avait été prévenue et n'était pas étonnée. Elle reprendrait un taxi pour Pontarlier.

C'était l'été, elle ouvrit sa fenêtre côté pelouse, on entendait des grillons…

50

Thémis Besançon,

Des recherches menées sur EBay mirent John sur la piste de circuits intégrés mystérieux. Origine made in URSS. Une notice en russe non traduite avec pour seule explication en anglais *« circuits de conversion »*.

On pouvait en avoir une poignée pour quelques dizaines d'euros. Année de fabrication inconnue. John intéressé acheta le stock. D'autres circuits d'origine United States qualifiés aussi de circuits de conversion sans autres indications. John rafla le stock.

La réception des circuits quelques jours plus tard montra des pièces soigneusement emballées à l'abri des charges statiques. Il confia le tout à un jeune ingénieur embauché récemment pour ses qualités supposées de *« Hacker »*. Il devait trouver la clé pour explorer ces cerveaux de deux origines différentes. Il trouva comment alimenter avec la bonne tension et commença ses investigations internes aux circuits.

Il se trouva devant des paquets de bits et ne voyait pas à quoi ils étaient destinés. La comparaison entre les deux origines montrait la même configuration on aurait dit que l'un avait copié l'autre. Qui avait copié qui ? Il trouva dans un coin de cette mémoire un PDF en anglais avec une allusion au programme SETI destiné à trouver des contacts extraterrestres. À tout hasard il monta en sortie un amplificateur de son dont le résultat fut étonnant : d'un côté un hymne national russe de l'autre Américain.

La bête se réveillait. Suivait un galimatias des sons qui pouvaient ressembler à un langage. Oui, mais lequel ?

Si on avait une sortie, il pouvait y avoir une entrée. Le Hacker trouva une porte et brancha avec moult précautions un micro avec réglage de niveau de son. Il se mit à parler, une petite fumée s'éleva du circuit. Foutu, grillé !

À côté de lui un collaborateur chinois venu du CLA. L'ingénieur remit en service un autre circuit avec l'entrée au plus bas. Le Chinois émit une phrase. Pas de fumée, mais une voix ressortit la phrase en anglais puis après une pause, en français puis en allemand. Il était question de *« ces cochons de Français qui ne comprenaient rien ».* Ils éclatèrent de rire et appelèrent John.

John comprit que la pêche avait été bonne. Ils venaient de mettre la main sur une partie du programme SETI qui prévoyait un contact avec des extraterrestres. Les circuits avaient été embarqués sur l'ISS avaient ils été utilisés ? Des films de science-fiction avaient creusé le filon de l'incompréhension devant des êtres venus d'ailleurs. Quelles étaient leurs intentions ? Amis, ennemis ? Si un extraterrestre avait frappé à un hublot de l'ISS, on l'aurait écouté, on aurait compris et on aurait pu s'expliquer. Magique !

Quand les astronautes descendaient de leur capsule du retour, certains avaient des têtes bizarres. Qu'avaient-ils vu ou entendu ? On attribua cette étrangeté à l'état d'apesanteur qui avait duré trop longtemps.

La perruque magique allait prendre son envol ! John mit en place un atelier confidentiel pour faire un assemblage cohérent et passer aux essais. C'est à ce moment qu'il aménagea son bureau avec un coin salon où il pourrait dormir près du lieu de création.

51

Bunker Delémont.

Le chef du personnel était atterré et il venait discuter avec Etienne Mussli du cas du délégué de l'atelier *« Frelons »,* il entra dans le vif du sujet.

- Avez-vous bien mesuré ce que vous avez ordonné, si vous confirmez la mutation nous allons avoir sur le dos le siège du syndicat UNIA.
- L'autorité fédérale est au courant, j'ai simplement devancé ce qui avait été demandé. Pas de brebis galeuse dans un atelier secret défense. De plus c'est montré comme une promotion. Travail tranquille, bien payé.
- Nous allons devant un conflit.
- Alors prenez vos responsabilités de gestionnaire du personnel.
- Le personnel souffre de vivre en vase clos. Nous avons eu une grève courte certes, mais qui a eu pour conséquence des élections de délégués. Attendons les réactions nous aviserons.

Heïdi s'inquiétait de la décision du directeur par intérim et de l'absence de John qui s'installait à Thémis. Il lui avait téléphoné le veille pour lui annoncer que vu les découvertes qui avaient été faites au sujet des perruques traductrices, il y avait urgence pour des travaux en cours.

Donc il dormait dans son bureau équipé d'un canapé lit pour être disponible à tout moment.

Il pensait ne pas avoir un besoin immédiat d'étudiants du CLA pour des exercices de traductions simultanées au vu des dernières découvertes faites par son équipe.

Il avait remis en service des machines ayant échappé à la liquidation de son ancienne usine grâce à des gens bien avisés.

Il voulait aussi mettre au point une nouvelle génération de drones *« Abeilles »* capable non pas de polliniser mais de détecter sur toutes les plantations, des traces de pesticides. Des drones *« renifleurs »* en quelque sorte. Il pensait les fournir aux entreprises chargées de donner un label *« Bio »* sans triche possible ce qui allait dans le sens des objectifs du gouvernement *« écologique »* maintenant bien installé.
Il serait subventionné pour ce projet.

52

Unité de production Inovtech, Thémis.

John avait sollicité la venue du PDG de *« Fleur de Printemps »* en vue d'un contrat futur et espérait bien voir Si-Mu comme il le supposait.

Il ne fut pas déçu et vit arriver une jeune femme rayonnante réjouie de l'avoir fait attendre. Il savait qu'elle allait être déçue que ses services ne soient pas retenus.

Elle le suivit dans son bureau poussa la porte et apercevant le canapé elle poussa John dessus et se jeta sur lui fougueusement.

Elle avait envie de John et comme elle avait l'autorisation de l'ambassade, elle chercha son plaisir. Ce n'était pas tout à fait un service commandé, car dans leurs ébats tumultueux, elle lui demanda de lui faire un enfant. Il ne put se contrôler et lui donna satisfaction.

John était complètement perdu, la petite Chinoise l'avait possédé. Quel dessin poursuivait-elle ?

Il essayait de se remettre de ses émotions à grand-peine.

Enfin, il lui annonça que le travail des traductrices chinoises ne s'imposait plus.

Il avait trouvé la solution dans les rebuts de l'ISS vendus sur EBay. Il allait concourir pour le challenge ONU des perruques traductrices.

Si-Mu tenait son *« scoop »* comment donc avait-il pu trouver aussi rapidement la solution ?

Elle cacha sa déception de perdre une bonne affaire qui pouvait faire d'elle un chef d'entreprise. Consolation elle pourrait sûrement combler son désir d'enfant. Elle savait que ceux issus du métissage étaient souvent d'une intelligence supérieure.

Elle le voulait ! Car bientôt elle atteindra ses trente ans. Difficile de trouver un mari en Chine à cet âge.

Pour ses étudiantes du CLA il restait les stages de peinture sur papier japon. Il fallait amortir la location d'un an de la maison de Chatillon le Duc.

Globalement satisfaite elle prit congé et embrassa tendrement John honteux d'avoir fauté. Tout à son bonheur elle ne vit pas le suiveur dans son rétroviseur.

53

Services secrets français.
Antenne de Besançon

Le suiveur de Si-Mu était au rapport. Son chef attendait des infos sur cette fille chinoise que les services suisses avaient signalée. La fiche disait :

« Attention, elle a un passeport diplomatique, officiellement agent commercial pour le compte de l'ambassade chinoise à Genève. Elle avait conduit une délégation à Micronora à ce titre».

Les collègues suisses voulaient une surveillance discrète. Ce n'était pas une délinquante juste une espionne. Elle espionnait qui ?

- Votre filature vous a conduit où ?
- Elle sortait d'*Inovtech*, une boîte de Thémis. Assez réjouie à sa mine il me semble, elle avait dû conclure une bonne affaire ensuite elle s'est dirigée vers une maison à Châtillon le Duc. Une location coûteuse sûrement. Elle doit avoir les moyens.

- L'ambassade doit financer. C'est sûr.
- Que dois-je faire ?
- Voyez qui elle fréquente, le type d'entreprise qu'elle visite. Allez y doucement pas d'incidents diplomatiques.
- Elle est assez jolie je l'enlèverais bien.
- Pas de conneries mon vieux.
- Je me demande ce que lui veulent nos collègues suisses.
- Elle doit détenir des secrets et selon ses fréquentations ils pourront se faire une opinion.
- C'est tiré par les cheveux. Je crois que nous ne devrions pas coopérer avec eux.
- Renseigne-toi sur la boîte *Inovtech*
- Ok chef, je pars au boulot.

Une semaine après le chef apprenait qu'*Inovtech* était une boite à capitaux français soutenue par la chambre de commerce et le département. Elle bénéficiait de subventions. Son secteur : la recherche en communications et l'écologie. Son directeur était une vieille connaissance. Un Franc-Comtois de retour de Suisse où sa femme avait une usine de drones *« abeilles »*

54

Bunker d'Apis Pollinis Robotix

Le délégué avait accepté sa mutation car il valait mieux lutter de l'intérieur. De toute façon quand il prenait ses heures de délégation, il bouclait le magasin et accrochait un panneau *« Je reviens de suite »*. Etienne Mussli en était pour ses frais.

Dehors il faisait beau, le personnel prenait la pause à l'air libre. C'était l'occasion de discuter et de faire le point sur les augmentations de salaire qui étaient frappées de torpeur. Un petit nombre de frontaliers se tenaient cois car leurs salaires étaient supérieur à ce qu'ils auraient touché côté France. L'atelier *« frelon »* se tenait à l'écart car rien ne devait transpirer sur leur activité et ils avaient signé une clause de confidentialité *« secret défense »*.

Avoir retiré le délégué de cet atelier était une erreur stratégique des commanditaires. Qui pouvait l'empêcher de parler ? Pour le moment il attendait son heure car il savait que le soutien des syndiqués lui serait utile.

55

Unité de recherche Inovtech,
Thémis.

John travaillait fébrilement et n'était pas rentré à Delémont depuis deux semaines. Il dormait dans son bureau, se réveillait, prenait des notes, allait à l'atelier électronique, faisait chauffer le fer à souder et attendait le matin avec impatience l'arrivée de son ingénieur hacker. Ce dernier agissait comme s'il voyait les électrons cheminer dans les circuits. Les idées fusaient.

John n'avait pas revu Si-Mu depuis son dernier passage. Il se sentait un peu mal à l'aise en pensant à la folie qui les avait pris. Enfin lui, s'était fait prendre et n'osait imaginer l'avenir.

Bref, les deux loustics avaient une première perruque dans leurs mains. Un essayage avait donné lieu à une crise de fou rire car l'esthétique demandait à être revue.

Tout avait été miniaturisé et caché sous la chevelure synthétique. Les fameux circuits issus des techniques spatiales faisaient leur travail honnêtement. Mis à l'épreuve devant des bandes enregistrées ou des radios exotiques écoutées par les migrants, la perruque transmettait au porteur la traduction dans sa langue, un petit boîtier de télécommande permettant de choisir celle-ci.

John se demandait comment ces circuits avaient pu se retrouver sur les sites de vente du web. Lui avait raflé tous les stocks.

Les premiers essais en public eurent lieu un samedi après-midi dans la Grande Rue parmi des étudiants étrangers en séjour à Besançon. L'aspect de la perruque était assez neutre.

Surtout ne pas attirer l'attention.

Assis à la terrasse d'un café, place Saint Pierre il lisait L'Est Républicain le seul quotidien qui avait survécu à l'offensive des tablettes en 2020, car le propriétaire était une banque. Des jeunes filles afghanes papotaient à proximité et seules les plus proches étaient captées. Il était question de l'émancipation des femmes dans leur pays.

Un peu plus tard, plantés devant une vitrine de fringues, des Africains supputaient leur chance d'avoir un costume de chef pour se présenter devant leur famille. John capta fort et clair.

Tout à coup il sentit la panique monter, il avait sur la tête l'outil du parfait espion. Et si les services secrets lui piquaient son truc ? Il rentra à Thémis le cœur battant.

Il était à la merci de Si-Mu qui avait dû faire son rapport à l'ambassade de Chine sur ses orientations de recherche. Qui des barbouzes allaient lui tomber dessus. Il allait devenir paranoïaque sous peu. Comment se protéger ? Il lui fallait se mettre en rapport avec l'ONU pour obtenir la récompense. Par contre un seul exemplaire ne suffisait pas.

Que se passerait-il avec cinquante personnes ou plus, équipées ? Pourrait-il survenir des phénomènes d'induction ? Y aurait-il des tempêtes sous les crânes ? Autant de questions auxquelles il ne pouvait répondre.

Il lui fallait un *« brainstorming »* avec son équipe au plus vite.

Il mit la perruque dans un coffre avec les circuits inutilisés et convoqua un cercle restreint.

Là il exposa son idée d'expérimentation massive et ce qui en sortit : *« comment faire »* ? John était désemparé. Il décida de rentrer à Delémont vers Heïdi.

56

Chalet de famille d'Heïdi,
Delémont.

John n'avait pas encore déballé son problème. Heïdi l'avait accueilli avec réserve le sentant préoccupé. Enfin avant midi reposé, ayant respiré l'air des alpages, il exposa les résultats de la perruque magique.

Effectivement leur vie avait jusqu'à présent été perturbée par les barbouzes de toutes obédiences. A qui se fier ?

Heïdi proposa de rencontrer en secret un responsable de l'ONU à Genève et demander avis et protection.

D'un autre côté si des clients potentiels pouvaient exister chez les barbouzes c'était une opportunité de bizness à ne pas négliger à condition de fabriquer et vendre en Suisse, pays neutre. Bien sûr *Inovtech* vendrait une licence d'exploitation à *Apis Pollinis Robotix.* John trouvait que l'esprit d'entreprise prenait vite le dessus chez Heïdi. Il ne savait que penser.

Puis tout de go Heïdi questionna.

- As-tu revu cette jeune Chinoise ?
- Si-Mu est venue une fois pour négocier son service de dictionnaires bilingues que j'ai refusé, ensuite, elle ne s'est pas manifestée.
- Elle a dû faire son rapport à l'ambassade car elle connaît le sens de tes recherches maintenant. Je crois que tu as manqué de prudence mon cher. Elle est venue pour te séduire et tu es tombé dans le piège et je vois clairement dans quel piège ! Elle est si mignonne.

John était silencieux que pouvait-il répondre, que Si-Mu avait voulu un enfant de lui ? Impossible elle ne pardonnerait pas. Mieux valait tenir un silence coupable.

Son portable grelotta dans sa poche :

- Ici l'ambassade de Chine, notre attachée commerciale Si-Mu n'est pas rentrée. Vous l'avez rencontrée cela fait plus d'une semaine. Vous a-t - elle dit où elle allait ?
- Normalement elle rentrait à son domicile. Je ne connais même pas son

adresse. Nos rendez-vous se sont faits par téléphone.

- Ce qui est alarmant c'est que sa trace s'arrête sur la route de Pontarlier à la bifurcation sur Aubonne. Ensuite plus rien. Si vous apprenez quelque chose vous pouvez nous appeler nous avons été en affaire autrefois. Merci.

John se demandait bien ce qui allait arriver à Si-Mu ? Il était devenu pâle et Heïdi comprit qu'il y avait du grabuge. Que pouvait-il faire ? Rien, il n'était pas policier et pas plus que chevalier servant.

Heïdi avait profité de l'interruption et avait contacté une connaissance qui pouvait leur ouvrir les arcanes de l'ONU à Genève. Un rendez-vous était pris pour le lendemain dans la matinée. Bien qu'ignorant le sujet de la visite, le conseiller Mac Culloch, devait les écouter favorablement

John fit part à Heïdi de sa conversation avec l'ambassade qui dit que la petite n'avait pu mettre au courant ses supérieurs des recherches de John. D'autres apparemment voulaient savoir !

57

Délégation de L'ONU à Genève.

Devant le bâtiment imposant, ils trouvèrent la réception et demandèrent Monsieur Mac Culloch. La réceptionniste prit leur identité et leur donna un badge de visiteurs.

Un homme de haute taille, moustache en bataille un peu chauve vint vers eux.

- Bonjour Madame bonjour Monsieur que puis-je faire pour vous ? Vous avez été chaudement recommandés par vos amis en tant qu'industriels travaillant sur des drones avec l'aide de la confédération. Monsieur est un brillant inventeur et madame une chef d'entreprise à poigne. Nous allons passer dans un bureau plus discret que le hall d'entrée. Si vous voulez bien me suivre.
- Merci Monsieur de nous recevoir, nous allons vous expliquer le but de notre visite. Nous serons le plus concis possible.

Ils entrèrent dans un bureau spacieux.

John repéra une caméra discrète dans un angle. Il commença son exposé et exprima son désir de participer au challenge décidé par l'ONU sur le sujet de la traduction simultanée. Au fur et à mesure il vit Mac Culoch se renfrogner. Il y avait un *« bug »* quelque part, mais il écouta patiemment jusqu'au bout. Il répondit :

- Tout d'abord il n'y a pas de challenge ou il n'y a plus de challenge. Vous avez été témoin d'une divagation d'un de nos employés qui avait forcé sur le vin jaune du Jura à l'occasion de Micronora.
- Cependant il a été présenté comme un conférencier sérieux. Contrairement au farfelu qui l'a suivi.

Mac Culloch était lancé, il déroula son point de vue. *« Je me permets de vous mettre en garde, ne dépensez pas en vaines recherches votre argent. De plus, pourquoi mettre au chômage nos traducteurs simultanés ? Ils sont très bons. Nous savons que le programme SETI abandonné en même temps que l'ISS faute de crédits a laissé partir dans la nature du matériel de pointe concernant les communications. Ce fut une grave erreur. Si par hasard ce matériel vous arrive entre les mains détruisez-le, il représente un grand danger. Des forces occultes pourraient s'inquiéter et se manifester.*

Si par un moyen quelconque, les masses pouvaient voir disparaître la barrière de la langue, ce serait la fraternisation mondiale. Donc la paix éternelle. Il faut laisser aux personnes d'intelligence supérieure soit l'élite, l'apprentissage des langues.

Avec ce concept on ne diffuse que l'indispensable. L'ignorance est la mère de tous les profits et notre monde est basé dessus ».

John interloqué d'un tel discours venant d'un fonctionnaire de l'ONU intervint :

- On dit que des astronautes avaient pu communiquer avec des extraterrestres lors de leurs rotations autour du globe grâce à un protocole conçu autour de circuits traduisant les tentatives de contact.
- Foutaises d'illuminés par le concept des soucoupes volantes. Les astronautes n'ont rien vu, ni entendu.
- Pourtant certains de ceux qui étaient restés longtemps en orbite parais-

saient être dans un rêve intérieur. Bref . Nous allons nous retirer et méditer à partir de ce que vous avez exprimé. Merci de nous avoir reçus.

Mac Culloch les reconduisit vers la sortie et sur le perron, endroit hors oreilles indiscrètes, il confia : *« J'ai dû forcer le trait, car on nous écoutait, je dois mettre en garde quiconque de toute initiative comme la vôtre. Bonne chance »*.

La route du retour fut morose et Heïdi réitéra son projet de lancer une fabrication de perruques *« magiques »*dans le bunker avec un personnel trié sur le volet. Si les services secrets suisses s'intéressaient au produit, l'avenir avec un bon chiffre d'affaire était assuré. Restait à déposer d'un brevet.

Ils passèrent au Bunker voir le chef du personnel. Celui-ci faisait part de rumeurs sur le mécontentement du personnel qui avait vu une révision des standards de travail dont le sous- directeur était le pilote. Cadences plus rapides, primes amputées. Les délégués n'allaient pas tarder à se manifester.

58

Route de Pontarlier près d'Ornans.

Si-Mu au bord de la route sortait de sa torpeur. Il commençait à faire nuit et elle se demandait ce qu'elle faisait là sur cette route départementale inconnue. Tout à coup elle fut prise de vomissements. Elle était pliée en deux quand une voiture s'arrêta phares allumés. Le conducteur baissa la vitre : *« Mademoiselle ça ne va pas ? »*

Pour toute réponse elle vomit encore une fois. Il mit son warning et descendit pour l'asseoir à l'arrière. Épuisée, elle somnolait la tête en avant comme une droguée. Il reprit la route en direction d'Ornans et s'arrêta dans une pharmacie.

On fit entrer Si-Mu pour l'asseoir sur une chaise. Le pharmacien regarda ses pupilles et estima qu'elle avait été droguée. Il appela le SAMU 25 et la gendarmerie.

En attendant l'ambulance, il trouva les papiers de Si-Mu et vit qu'elle avait un passeport diplomatique chinois. Elle n'avait pas de téléphone. Les gendarmes arrivaient.

Ils avaient en main un avis de recherche et le signalement correspondait. Pour eux la jeune femme avait été enlevée et droguée. L'ambulance prit en charge Si-Mu et se dirigea vers le CHU de Besançon. Inconsciente elle ne se rappelait de rien. Le vide total sauf l'arrêt au bord de la route coincée sur un parking désert après une queue de poisson faite par un véhicule immatriculé en Suisse et ensuite voir surgir deux hommes cagoulés. Elle avait sentit une piqure dans le cou puis après le noir total.

Le SAMU déposa Si-Mu aux urgences, en attendant qu'un médecin vienne, vu la personnalité de la malade, on ordonna un bilan complet.

Pas de coups ni fractures, mais des traces de drogue dans le sang. Une drogue inconnue, mais qui avait le pouvoir de vous effacer la mémoire des derniers évènements. Elle n'avait pas été violée, ni eu de rapports récents par contre elle était enceinte.

Le lendemain elle se réveilla dans une chambre individuelle et eut la visite de la gynécologue venant la rassurer sur l'état de l'embryon de deux semaines.

Si-Mu retint sa joie. Elle aurait un ou une petite métisse.

Les gendarmes vinrent lui poser des questions sur son aventure. Elle ne se souvenait de rien, mais pensa de suite au liquide incapacitant utilisé pour les frelons.

Elle n'en fit pas mention et oublia de parler de la plaque d'immatriculation suisse. Les barbouzes suisses étaient dans le coup.

On l'informa que sa voiture de location avait été retrouvée plantée contre un sapin de la route de Pontarlier et récupérée par le loueur après avoir averti la gendarmerie et donné les coordonnées de sa cliente disparue.

A l'état d'épave, mais apparemment fouillée soigneusement, la voiture était sous séquestre. Il n'était pas fait mention de son téléphone satellitaire.

Elle tenta de faire le bilan de ce qu'elle avait pu dévoiler. Angoissante question !

Ils sauraient que John avait été son amant épisodique et cela depuis le Burkina Faso. Ensuite la *« perruque magique »*.Ce qu'elle savait aussi par les services secrets chinois. Entre autres l'incendie du chalet-usine par eux les barbouzes suisses.

Dans la matinée l'ambassade lui téléphona et s'enquit de sa santé.

Le consul lui fit l'honneur d'une visite discrète pour l'informer qu'elle allait sortir de l'hôpital l'après-midi et que tous les frais seraient payés. Un taxi affrété par le consulat la conduirait à son domicile de Chatillon le Duc. Elle constata en s'habillant qu'elle avait toujours ses clés dans son sac à main avec son argent pour les dépenses courantes, plus son passeport diplomatique.

Les ravisseurs s'étaient contentés du contenu de son cerveau.

Elle eut une pensée pour John futur papa clandestin. Le fruit du péché ferait son éducation en Suisse. Il y avait une très bonne crèche à l'ambassade. John aurait peut-être un droit de visite ?

59

Gouvernement fédéral
Ministère de l'Intérieur.

Le secrétaire du ministre avait le compte rendu des barbouzes. Ce rapport faisait état de recherches sur la traduction simultanée à Besançon par la société *Inovtech* nouvellement crée et dirigée par John Brown directeur d'*Apis Pollinis Robotix* à Delémont (une vieille connaissance) ce dernier semblait sur la bonne voie avec une *« perruque magique »*. Les participants eurent un sourire envers cet inventeur acharné aux aventures multiples.

Ils avaient obtenu ces renseignements par une employée chinoise de l'ambassade de Genève, sans violence, en utilisant le liquide incapacitant des frelons. Elle ne se souviendrait de rien. Le ministre commenta :

- Si la synergie entre les deux unités aboutit à une fabrication valable, nous devons l'encourager sur Delémont et devenir les clients exclusifs...

Une voix s'éleva :

- Nous devrions revoir nos conditions de location du bunker et même intervenir auprès des assurances pour qu'*Apis Pollinis Robotix* soit indemnisé de l'incendie du chalet. De même user de notre droit de conviction pour qu'un autre chalet soit libre à la vente.
- Cela paraît raisonnable et ne revenons pas sur les causes de l'incendie, vous connaissez l'histoire. Nous pouvons vendre un chalet nous appartenant qui était l'école des douanes. Il est assez vaste, pourvu en énergie et liaison internet. Une bonne affaire pour eux et nous. Attention ceci est conditionné par la réussite technique de la *« perruque magique »,* sinon rien de tout ceci ne sera appliqué. En attendant que nos barbouzes continuent à surveiller *Inovtech* de Besançon avec leurs amis côté France. Bien sûr nous ne cautionnons pas ces relations c'est leur affaire. Seul le résultat compte. Messieurs, nous devons nous quitter. J'ai encore à faire.

60

Bunker Apis Pollinis Robotix

Heïdi et John visitaient les vastes lieux du bunker pour envisager une production de la *« perruque magique »* avec licence. Un espace non exploré était satisfaisant et des établis de type horloger devaient convenir. Un laboratoire d'électronique serait adjoint. Recruter la main-d'œuvre qualifiée paraissait difficile. John proposa de sélectionner parmi le personnel en place les meilleurs éléments. L'atelier *« frelons »* serait le premier visé. Ensuite il ferait venir son ingénieur *« hacker »* pour assurer une formation interne. À la clé un salaire amélioré.

Ils passèrent devant l'atelier *« abeilles »* dont une rumeur sortait. Le chef d'atelier paraissait débordé. John et Heïdi entrèrent et le silence se fit. Le délégué qui était juché sur un établi se tourna vers John :

- Enfin voilà notre directeur en titre. Nous en avons assez des cadences qui augmentent, des primes qui diminuent. Votre adjoint nous étrangle, faites quelque chose.

- Je ne suis pas au courant de ces détails.
- Pour nous ce ne sont pas des détails, ce sont nos salaires qui en dépendent.
- Je demande une négociation avec vous, le directeur en titre, sinon c'est la grève.

Le mot grève fut salué par une ovation des opérateurs et opératrices présents. John perçut une détermination forte. Le délégué descendit de son établi et s'approcha de John.

- Pourquoi nous avoir mis cet adjoint ? Avec vous c'était plus humain. Si vous le gardez, il va vous couler la boite.
- Je vais voir le chef du personnel et mon comptable pour évaluer ce que nous pouvons faire. Ensuite nous négocierons.
- OK. Vous avez trois jours pour éviter un conflit.

John avait atteint le but qu'il s'était fixé, mais la situation avait changé. Ne pas bloquer l'usine en vue des *« perruques magiques »*. Il devait recadrer son adjoint rapidement et le convoqua dans son bureau.

Il trouva L'Est Républicain du jour en évidence. Un article parlait de Si-Mu sous le titre ***« Un mystérieux enlèvement »*** on pouvait lire : *« Une jeune Chinoise cadre commercial de l'ambassade chinoise de Genève a été retrouvée errante sur une route d'Ornans. Recueillie par un automobiliste qui l'avait conduite vers la pharmacie la plus proche, son état faisait penser qu'elle avait été droguée. Prise en charge par le SAMU elle a été conduite au CHU de Besançon. Elle n'a subi aucuns sévices, mais ne se rappelle de rien. La gendarmerie enquête »*.

John avait l'explication de sa disparition. C'était un coup des barbouzes. Décidément les routes du Haut-Doubs n'étaient pas sûres. Son adjoint entra dans le bureau.

- Vous m'avez convoqué pour quoi ?
- Je crois que vos méthodes de management demandent à être assouplies le personnel est habitué à plus d'humanité de la part de la direction. D'autre part j'ai avec la directrice,

financière, un projet important qui va mobiliser tout le savoir-faire des opérateurs. Si vous ne changez pas, je devrai me séparer de vous. C'est clair ?

- Oui Monsieur je vais corriger ma façon de faire.
- En attendant réfléchissez comment éviter un conflit. Je dois négocier sous trois jours avec les délégués.

Il se rendit vers le chef du personnel avec le comptable et Heïdi.

Après plusieurs heures de débats une ligne de conduite fut adoptée :

- Révision à la baisse des standards de production mais assurer la qualité qui sera renforcée. Zéro déchets.
- Augmentation au mérite selon la courbe de qualité du travail, le rendement étant secondaire.
- Installation d'un solarium pour compenser la déprime du manque de soleil dû à l'effet bunker.
- Maintien des pauses payées matin et après midi.

Ils décidèrent de garder la proposition *« sous le coude »* surtout ne rien dévoiler avant les trois jours d'ultimatum.

Au bout des trois jours, les délégués se présentèrent vers le chef du personnel qui sans un mot leur tendit le protocole. Ayant lu et relu ils se dépêchèrent de signer.

Le sous directeur Etienne Mussli vint trouver John avec son projet bien en deçà de ce qui avait été signé. John lui mit sous le nez ce qui avait été signé en lui enjoignant de s'y conformer. John dit : *« Si vous êtes mal à l'aise vous pouvez démissionner de suite. Je vous laisse une chance, vous suivrez la qualité ».*
Lui, qui renseignait déjà le gouvernement fédéral décida de rester.

61

Quelques mois plus tard.
Ambassade de Chine à Genève.

« Ma chère Si-Mu ce sont les risques du métier, nous ne sommes pas une institution religieuse avec la notion de péché. Nous prendrons en charge votre enfant métisse et ainsi que son éducation et s'il est exceptionnel il rejoindra l'élite, fille ou garçon ».

Si-Mu dont la taille s'arrondissait était dans le bureau du secrétaire pour un entretien. Il voulait lui parler de son avenir. Il continua :

- Nous allons vous confier des tâches administratives jusqu'à votre terme. Ensuite vous pourrez reprendre votre activité commerciale en évitant le kidnapping.
- Merci de votre sollicitude.
- Vous étiez en service commandé, vous avez accompli votre mission.

Si-Mu était au bord des larmes. Elle avait eu une passion et pensait souvent à John.

De plus elle avait dû liquider son entreprise à Chatillon le Duc et quitter ses stagiaires recrutées au CLA sur injonction de l'ambassade. Elle n'irait pas de sitôt à Besançon. Elle devait tourner la page si elle voulait assurer l'avenir de son enfant. Le présenterait-elle un jour à John ?

62

Ancien chalet des Douanes, de Delémont
Après six mois

Apis Pollinis Robotix avait quitté le bunker pour un chalet confortable. Une aubaine quand les assurances remboursèrent les dégâts de l'incendie. Outre l'immobilier, les machines avaient été indemnisées. De quoi racheter ce chalet providentiel et de l'équiper pour les *« perruques magiques »*.

John avait ressorti la *« perruque magique »* du coffre d'*Inovtech* et lancé d'autres prototypes qui furent confiés au ministère de l'Intérieur. L'aspect de la coiffure avait été choisi sur catalogue et une ouvrière ancienne coiffeuse, experte en la matière, avait confectionné le tout.

Un attentat à la bombe avait été évité de justesse grâce à une conversation surprise par un agent devant un kiosque à journaux de Zurich. Les deux hommes s'exprimaient en afghan ils avaient pu être arrêtés.

Un succès apprécié des services secrets.

Le ministère de l'Intérieur voulait encore plus de modèles de test. Il y eut quelques déboires cependant.

Un agent déguisé en randonneur essayait de comprendre ce que disaient deux bergers basques un soir d'orage sous un arbre, en pleine campagne. Il fut frappé par la foudre son électronique de tête l'ayant connecté prioritairement. Il fut grillé.

Un autre infiltré dans une manifestation de migrants capta plusieurs langues à la fois ce qui fit chauffer et griller sa perruque. La peau de son crâne fut brûlée au second degré.

Enfin ce que John redoutait ; plusieurs agents porteurs de leur perruque qui se regroupaient, déclencha une synergie entre leurs appareils et produisit un effet Larsen qui leur vrilla le crâne d'une façon insupportable et les mit en syncope. On les réanima à l'hôpital.

Les perruques hors d'usage furent récupérées pour révision, réparation. John en profita pour licencier son adjoint en poste à la qualité. La taupe du ministère s'en allait.

Les barbouzes informés devinrent prudents.

John et Heïdi avaient refusé la clause d'exclusivité et pensaient bien exploiter la découverte à leur compte. Ils remirent en cause le monopole des frelons, car ils savaient élaborer leur propre produit incapacitant et devinrent concurrents des Chinois qui avaient hérité de la formule grâce aux chocolats fourrés de Si-Mu.

Le ministère du Commerce leur refusa toute licence d'exportation et se priva par avance d'un bénéfice. Restait *Inovtech* à Thémis

John un peu honteux d'utiliser une technologie découverte par des chercheurs du programme SETI s'inquiétait du nombre limité de processeurs qu'il avait raflé sur le web.

Un jour la fabrication cesserait. Quelle serait la durée de vie des *« perruques magiques » ?* Son ingénieur *« hacker »* travaillait sur la question du remplacement, mais pour l'instant sans succès. Et si des extra-terrestres avaient refilé des plans aux astronautes de l'ISS ? Des choses bizarres avaient dû se produire là-haut. Depuis la station tournait bien vide depuis 2020.

63

Année 2020, station internationale en orbite stable, Cinq ans avant.

La station internationale devait être abandonnée pour cause de maintenance coûteuse.

La Russie ne pouvant plus assurer la rotation des navettes, les trois derniers astronautes alors en vol devaient rentrer à la maison.

Avant de quitter les lieux avec la dernière capsule Soyouz ils avaient eu la visite surprise d'êtres étranges venus d'ailleurs, qui voulaient la permission de s'amarrer au vaisseau. Ils restèrent obstinément à l'extérieur et ils communiquèrent en posant des messages en anglais sur un hublot, engoncés qu'ils étaient dans leur scaphandre.

On ne distinguait rien de leur visage caché par une visière sombre. Ils eurent la permission de s'amarrer mais refusèrent obstinément d'ouvrir le sas. L'oxygène leur était mortel.

Par billets posés sur un hublot ils invitèrent les astronautes à sortir dans le vide avec leurs scaphandres. Un seul sortit et reçut une boite étanche avec une étiquette en anglais collée dessus. *« A ouvrir une fois sur terre »*. Il n'y avait eu ni conversation ni manifestation d'hostilité. Seulement une poignée de main qui épaissit encore le mystère. Ces visiteurs avaient des mains à deux doigts et pas de jambes, donc différents des terriens. Ils tendirent une tablette où était gravé toujours en anglais *« Bon retour, nous veillerons sur la station »*

L'équipage rentra et s'équipa pour revenir sur terre avec la capsule Soyouz. Ils avaient abaissé tous les interrupteurs du bord et laissé la station en veille.

Probablement, elle devrait un jour ou l'autre se mettre en situation de *« désorbitage »* faute de carburant pour commander cette manœuvre de destruction depuis la terre.

Dans leurs bagages, ils cachèrent la cassette et jurèrent de ne jamais parler de cette rencontre, de peur de passer pour fous. Le mal de l'espace pouvant produire cet effet.

A terre, l'ouverture de la cassette montra, outre une notice en anglais un circuit intégré de facture inédite. La notice disait :

« Le circuit joint traduit toutes les langues de la terre et même extraterrestres, il solutionne tous les problèmes de communication vous avez un schéma pour les entrées et sorties. A vous d'en faire bon usage. Peut-être en aurez-vous besoin dans cinq ans » stupéfaits ils mirent en chantier la fabrication de circuits similaires dans le plus grand secret pour les introduire dans des dictaphones et sillonner le monde à la rencontre de peuples en principe sans intérêt.

Puis ces anciens astronautes décédèrent et leurs descendants vidèrent leurs ateliers de bricolage pour vendre le tout à des soldeurs.

Un jour, un observateur armé d'un télescope vit de la lumière aux hublots de l'ISS. Comme de toute façon on n'avait plus de véhicule, il était inutile de fantasmer là-dessus. Peut-être qu'un interrupteur avait été mal abaissé. Il garda l'info pour lui.

Comme le monde occidental n'en avait pas terminé avec les djihadistes, il y avait d'autres priorités.

Quelque temps après, l'observateur, d'un naturel curieux, repointa son instrument sur la station. Il remarqua qu'un engin était arrimé. Les Russes toujours retors avaient-ils envoyé un nouveau Soyouz ?

Les Américains toujours suspicieux n'avaient détecté aucun départ de vaisseau et la presse à sensation n'aurait pas manqué un évènement pareil ! Il ne se passait donc rien ! Pourtant !

Les visiteurs d'un genre nouveau avaient investi les lieux et remis en route les circuits énergétiques tributaires des panneaux solaires. Ils avaient là un excellent poste d'observation de la planète. Comme ils étaient dotés de la vision infrarouge, ils pouvaient suivre la progression du réchauffement climatique sur les forêts. Que le taux de CO2 monte les arrangeait, car leur métabolisme pouvait en bénéficier.

Leur maîtrise de la communication quantique leur avait fait intercepter les réseaux du NAS où ils avaient pris connaissance de tous les secrets des terriens. Ils avaient aussi espionné les états-majors des plus grands trusts chimiques et s'étaient rendu compte qu'ils étaient avant tout opportunistes et obsédés par le pouvoir et la puissance financière qui demandait des sacrifices au plus grand nombre.

Que la planète devienne inhabitable aux natifs convenait bien à leurs projets de colonisation, car leur métabolisme particulier d'extraterrestres ne leur permettait pas d'inhaler l'oxygène qui leur était fatal. Par contre un combiné de CO2 et d'ammoniac pouvait entretenir leur tonus. Pour l'heure, ils se contentaient d'observer en attendant une détérioration de la planète qui selon ce qu'ils en savaient, s'avérait inéluctable.

Ils se déplaçaient dans la station en état d'apesanteur avec leurs scaphandres sans jambes. Seulement une tête et deux bras avec des mains à deux doigts utiles pour contrôler l'appareillage soient le pouce et l'index.

Ils avaient dès le début de leur installation purgé l'air de la station. En fait ce que l'on pouvait confondre avec un scaphandre - car ils en avaient l'apparence - était un exosquelette dont le contenu était une gélatine sombre dotée d'une intelligence redoutable et dont la vision était assurée par deux minuscules lentilles sensibles aux infrarouges.

Le fait d'avoir deux doigts était directement inspiré de l'observation des humains tapants sur leurs claviers.

Quant aux jambes absentes et inutiles en apesanteur, elles pousseraient si l'envie de venir sur terre les prenait de se confronter à la pesanteur.

Pourtant un espoir de coloniser les océans commençait à poindre, car de larges zones sans oxygène s'étendaient au large de la cote ouest de l'Amérique du Nord et du Sud.

En raison d'une pesanteur qui pouvait être nulle, l'idée d'une capsule sous marine était en gestation. La conquête de la terre devrait probablement commencer par là !

En fait, ces créatures étaient des naufragés. Leur vaisseau *« extraluminique »* qui venait de Proxima du Centaure distant seulement de 4,2 années-lumière s'était trouvé en difficulté en entrant dans le système solaire. Ils ne devaient leur survie qu'à une capsule de sauvetage éjectée aux abords de Pluton.

Le hasard les avait mis dans l'orbite terrestre et la rencontre avec la station internationale une aubaine. Cependant les vivres allaient manquer et rien de l'alimentation terrestre restée dans la station internationale n'était conditionné pour eux. Leur tête était pourvue d'un rostre qui plongé dans leur nourriture lyophilisée injectait un dissolvant biologique propre à liquéfier celle-ci. Les araignées terrestres procédaient de cette manière.

Des équipages trop aventureux, dont les vaisseaux s'étaient égarés dans le cosmos s'étaient entre-dévorés fautes de vivres suffisantes.

Lorsqu'une mission de secours parvenait à localiser un vaisseau en détresse, ce que découvrait l'équipage était édifiant. On trouvait bien quelques survivants, mais les autres étaient des carcasses vides sucées jusqu'au bout, victimes du cannibalisme.

Ne voulant pas tomber dans cet excès, ils allaient donc rejoindre leur capsule pour se mettre en hibernation et attendre le jour de la conquête en 2025. Le temps et la bêtise humaine allaient travailler pour eux.

Ces êtres apparentés aux cloportes de la famille des crustacés étaient sur terre il y a environ 600 millions d'années. L'évolution les avait fait sortir de l'élément liquide pour s'adapter à la vie terrestre et devenir inoffensifs pour l'homme. Leur taille était beaucoup moins impressionnante que ceux venus de Proxima du Centaure d'aspect plus inquiétant pour un terrien. Avaient-ils fréquenté la terre 600 millions d'années en arrière ?

En cette année 2025, les créatures naufragées de l'espace qui sortaient de l'hibernation, allaient elles trouver un biotope favorable à leur survie dans un océan sans oxygène ?

Ces nouveaux occupants de l'ISS avaient trouvé dans les archives de la NSA un article de presse de 2018 qui disait : « *Au cours des 50 dernières années, la proportion de zones de haute mer dépourvues de tout oxygène a plus que quadruplé. Quant aux sites à faible teneur en oxygène situés près des côtes, y compris les estuaires et les mers, ils ont été multipliés par 10.* » Et plus loin : « *Il est crucial de protéger les pêcheries à risque de facteurs de stress supplémentaires. Selon l'équipe du GO2NE, cela se traduirait par la création d'aires marines protégées ou de zones de pêche interdite précisément dans les zones où la faune se réfugie pour échapper à la baisse d'oxygène dans son habitat d'origine ; ou bien pêcher des espèces qui ne sont pas aussi menacées par la désoxygénation. Améliorer la surveillance des teneurs en oxygène à travers le monde. Les scientifiques savent à peu près quelle quantité d'oxygène l'océan pourrait perdre à l'avenir, mais pas où ces zones de désoxygénation se situeront exactement. »*

Les êtres de Proxima du centaure allaient tirer parti de l'aggravation depuis 2018 en s'immergeant avec leur capsule au large de la Louisiane. Peut-être avaient ils des solutions ?